KB065641

중학생이 되기 전에 꼭 알아야 할
초등영단어
어머나, 무서워. I'm weak.
1600
개정판

중학생이 되기 전에 꼭 알아야 할

초등 영단어 1600 개정판

2011년 01월 15일 초판 1쇄 발행
2023년 05월 25일 개정 1쇄 발행

지은이 조재선
삽 화 이경

펴낸이 이규인
펴낸곳 국제어학연구소 출판부
책임편집 문성원·김경희·백혜영

출판등록 2010년 1월 18일 제302-2010-000006호
주소 서울특별시 마포구 대흥로4길 49, 1층(용강동 월명빌딩)
Tel (02) 704-0900 **팩시밀리** (02) 703-5117
홈페이지 www.bookcamp.co.kr
e-mail changbook1@hanmail.net

ISBN 979-11-9792033-2 13740
정가 14,000원

중학생이 되기 전에 꼭 알아야 할

초등 영단어 1600

개정판

글 조재선 | 그림 이경

ILR 국제어학연구소

머리말

영어공부의 가장 기본이 되는 것은 단어입니다. 영어회화도, 영문법도, 영작문도 모두 영어단어라는 기본이 확실히 잡혀있어야만 실력이 쑥쑥 커나갑니다. 사실 영어단어의 중요성을 모르는 사람은 없을 거예요. 하지만 학생들의 입장에서는 그 중요성을 알면서도 수 백, 수 천의 단어를 외워야 하는 영어단어를 외워야 하는 일이 한숨으로 다가올 수도 있어요. 그냥 무조건 외우다보면 한 번, 두번 외우는 것으로 끝나지 않을 것이기 때문이죠.

이 책은 영어단어를 쉽고도 효과적으로 외울 수 있는 방법을 안내합니다.

물론 공부에는 지름길이라는 것은 없습니다. 자기가 한 만큼 결과를 볼 수 있는 것이 공부예요. 하지만 같은 시간을 공부해도 더 좋은 효과를 얻을 수 있도록 공부한다면 좀 더 재미있고 신나게 공부할 수 있겠죠!

우리 단어장의 특징을 소개하면요~.

첫째. plus(플러스) 효과

감자의 줄기를 잡고 호미로 살살 파면 감자가 하나, 둘 줄줄이 올라옵니다. 이 책의 가장 큰 특징은 단어 하나를 외우다 보면 두 개, 세 개까지 자연스럽게 얻을 수 있는 플러스 효과가 있습니다.

둘째. exciting(익사이팅) 효과

아주 재미있게, 신나게 외울 수 있도록 다양한 구성으로 지루함을 싹~ 물리치는 효과가 있습니다. 각 파트별로 자기가 좋아하는 것부터 기호에 따라 외울 수 있습니다.

셋째. synergy(시너지) 효과

또한 이 책으로 단어를 외우다보면 단어의 변화를 자연스럽게 맛볼 수 있습니다. 예를 들면 명사에서 형용사로의 변화, 형용사에서 부사로의 변화 등. 마치 애벌레가 번데기를 거쳐 나비가 됨을 아는 것처럼 영어 단어에도 이런 변화가 있음을 자연스럽게 익히게 됩니다.

넷째. harmony(하모니) 효과

중학교 전 교과서를 철저히 분석한 단어들과 일상생활에서 많이 쓰이는 단어들이 함께 어우러져 있어 단어공부에 재미를 더해줍니다. 교과서 속의 단어들과 일상생활 속에서 많이 사용하고 있는 단어가 만나 새로운 맛의 조화를 이룹니다.

누군가를 사귀려면 그 사람의 관심을 끌어야 하는 것처럼 이 책은 영어를 사귀려는 여러분의 관심을 끌기에 충분하다고 생각합니다. 이 책을 통해 영어와 재미있고 아름다운 사귐이 이루어지길 기대합니다.

저자 조재선

차례

Part 1 생활 속에서 영어단어를 배워요.

❶ 상표와 함께 재미있게 외워요. 14p
Check! Check! / 30p

❷ 생활 속에서 찾아서 외워요. 32p
Check! Check! / 44p

Part 2 신체와 역할을 함께 배워요. 47p
Check! Check! / 58p

Part 3 반의어로 한꺼번에 배워요.

❶ 형용사 반의어를 배워요. 62p
Check! Check! / 82p

❷ 동사 반의어를 명사와 함께 외워요. 84p
Check! Check! / 96p

❸ 명사 반의어를 동사와 함께 외워요. 98p

❹ 접두어와 접미어를 붙여서 반의어가 되어요! 106p
Check! Check! / 116p

Part 4 세 단어를 한 번에 꽉 잡아요.

❶ 두 단어와 함께 보너스(~하는 사람)도 배워요. 120p
Check! Check! / 134p

❷ 두 단어와 함께 보너스(명사형)도 배워요. 136p
Check! Check! / 148p

Part 5 어울리는 단어끼리 배워요.

❶ 명사와 어울리는 동사를 배워요. 152p

❷ 이런 사람은 이런 일을 해요! 158p

❸ 명사와 어울리는 형용사를 배워요! 161p

❹ 명사와 어울리는 부사를 배워요. 164p
Check! Check! / 170p

Part 6 단어와 단어가 만나 새 단어가 되어요. 173p

Check! Check! / 186p

Part 7 우리는 커플! 커플로 외워요.

❶ 서로 짝이 되는 단어 190p
❷ 비슷하거나 같은 뜻의 단어 194p

Check! Check! / 204p

❸ 헷갈리는 단어 206p
❹ 동음이의어 218p

Check! Check! / 222p

Part 8 아니, 이 단어가 이렇게 변해?

❶ 명사가 형용사로 변해요. 226p
❷ 형용사가 부사로 변해요. 234p

Check! Check! / 238p

Part 9 잡동사니 단어

❶ 나라+국민 242p
❷ 세트로 배워요. 246p

Check! Check! / 256p

❑ 부록 / 258p

동사의 불규칙 변화형 / 명사의 불규칙 변화형 / 형용사의 불규칙 비교급, 최상급 / 줄임말 / 약어

❑ 해답 / 268p

❑ Index / 281p

날짜

하루하루 자신의 실력이 점점 높아만 가는 것을 날짜로 확인할 수 있답니다!

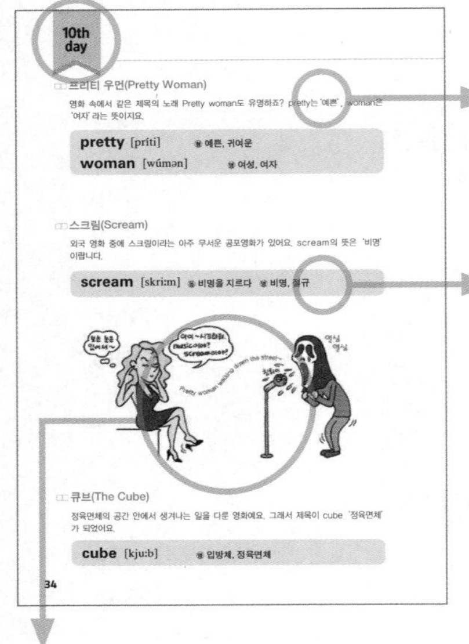

10th day

프리티 우먼(Pretty Woman)

영화 속에서 같은 제목의 노래 Pretty woman도 유명하죠? pretty는 '예쁜', woman은 '여자' 라는 뜻이지요.

pretty [príti] ㊖ 예쁜, 귀여운
woman [wúmən] ㊔ 여성, 여자

스크림(Scream)

외국 영화 중에 스크림이라는 아주 무서운 공포영화가 있어요. scream의 뜻은 '비명'이랍니다.

scream [skri:m] ㊕ 비명을 지르다 ㊔ 비명, 절규

큐브(The Cube)

정육면체의 공간 안에서 생겨나는 일을 다룬 영화예요. 그래서 제목이 cube '정육면체'가 되었어요.

cube [kju:b] ㊔ 입방체, 정육면체

34

끼리끼리 묶어주는 우리말 제시문

영단어를 끼리끼리 묶어주는 우리말 제시문으로 좀더 쉽고 편하게 기억하자고요!

군더더기 없는 단어 제시

한가지의 뜻만 익히기도 벅찬데 파생어가 너무 많다고요? 비슷한 말, 반대말도 한꺼번에 줄줄이 외워야 하냐고요? 아니랍니다.
왜? 지나친 욕심은 금물이니까요! 지금의 수준에 딱 맞는 단어의 뜻만을 산뜻하게 외우자고요!!

그림이 재미없으면 단어장도 재미없다!

단어 내용에 딱 맞는 교과서 같은 그림은 너무 싫어! 상상력과 엽기, 재미와 감동을 주는 재미있는 그림으로 우리의 기억력도 자꾸만 up! up!

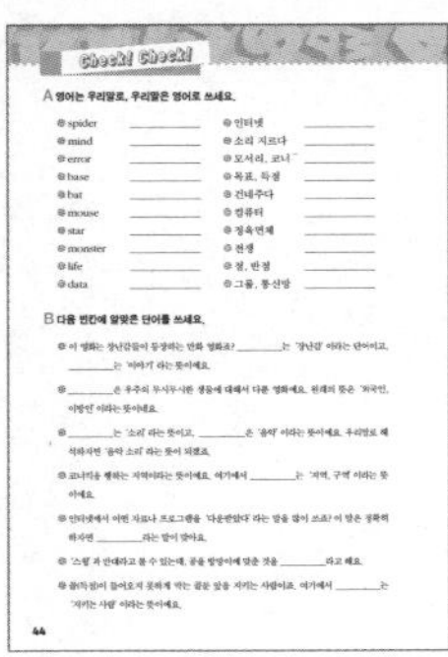

Check! Check!

A 영어는 우리말로, 우리말은 영어로 쓰세요.

spider	______	인터넷	______
mind	______	소리 지르다	______
error	______	모서리, 코너	______
base	______	목표, 타겟	______
bat	______	건네주다	______
mouse	______	컴퓨터	______
star	______	정육면체	______
monster	______	전쟁	______
life	______	점, 반점	______
data	______	그룹, 통신망	______

B 다음 빈칸에 알맞은 단어를 쓰세요.

44

Check! Check!

일단 배운 단어도 다시보지 않으면 기억의 저 건너편으로 훨훨~ 날아가 버리죠? 그럼 어떡해? 물론 다시 한번 꼭꼭 밟아서 확인해줘야죠~!

속담으로 다시 보는 영단어

The fortune of the house stands by its virtue.

The old forget; the young don't know.

Try a horse by riding him; try a man by associating with him.

Pride goes before a fall.

오만함이 파멸을 부른다.

No morning sun lasts a whole day.

A burden of one's own choice is not felt.

속담으로 다시 보는 영단어

속담이라면 실력향상에도 도움이 되죠! 그런데 또 속담과 격언을 익히면서 전에 배웠던 단어도 한 번 더 익힐 수 있다니! 이거야 말로 꿩 먹고 알 먹고!!

발음익히기

1 알파벳 소릿값

Alphabet Sounds (알파벳 소릿값)

알파벳	발음	낱말
a	애[əe]	apple [ǽpl]
b	브[b]	bus [bʌs]
c	크[k]	cup [kʌp]
d	드[d]	doll [dɔ(:)l]
e	에[e]	egg [eg]
f	프(흐)[f]	fish [fiʃ]
g	그[g]	girl [gə:rl]
h	흐[h]	ham [hæm]
i	이[i]	ink [iŋk]
j	즈[dʒ]	jello [dʒeləu]
k	크[k]	king [kiŋ]
l	-을/르[l]	lion [láiən]
m	-음/므[m]	milk [milk]
n	-은/느[n]	nest [nest]
o	아[a]	owl [aul]
p	프[p]	pen [pen]
q	크(우)[q]	queen [kwi:n]
r	르[n]	rabbit [rǽbit]
s	쓰[s]	sea [si:]
t	트[t]	ten [ten]
u	어[ʌ]	umbrella [ʌmbrélə]
v	브[v]	vase [veis]
w	워(우)[w]	watch [wɑtʃ]
x	크스[ks]	box [bɑks]
y	여(이)[j]	yarn [jɑ:rn]
z	즈-[z]	zebra [zí:brə]

알파벳의 이름을 알고 대문자와 소문자를 다 익히고 쓰는 것도 중요하지만, 알파벳 소릿값(음가)을 기억해서 익힌다면 영어를 듣고 읽는데 큰 도움을 받을 수 있어요. 다른 소리는 위에 쓰여진 한글의 소리와 비슷하게 나므로 원어민의 소리를 통해 잘 따라 하면 된답니다. 그러나 w와 y의 원어민의 발음은 우리말의 소리로는 '워' 와 '여' 소리와 비슷하게 납니다. 하지만 소릿값을 조합해서 읽을 때는 w와 y는 반모음으로써 w는 '우' 로, y는 '이' 로 생각해서 소리를 조합하면 됩니다.

단모음 활용

Short Vowel Sounds (단모음소리)

알파벳	발음	낱말
a	애 [əe]	ham, jam, dam, can, man
e	에 [e]	bed, red, leg, hen, pen
i	이 [i]	pig, wig, fin, pin, hit
o	아 [a]	hop, mop, top, dot, hot
u	어 [ʌ]	bug, hug, mug, sun, run

알파벳 소릿값을 통해서 단모음이 들어간 낱말의 소리를 만들어 보면 아래와 같습니다.

can → / 크 - 애 - 느 / = / 캔 /

여기에서 자음 소릿값은 바로 뒤에 모음을 만나면 '크' 에서 '으' 를 뺀 'ㅋ' 로 생각하면 되고, 모음 소릿값에서 앞에 자음을 만나면 '애' 에서 'ㅇ' 를 빼고 'ㅐ' 로 생각하면 됩니다.

pen → / 프 - 에 - 느 / = / 펜 /
wig → / 우 - 이 - 그 / = / 위그 /
hot → / 흐 - 아 - 트 / = / 하트 /
bug → / 브 - 어 - 그 / = / 버그 /

이처럼 알파벳 소릿값을 기억하면 단모음이 들어간 낱말들의 발음의 규칙을 찾아서 스스로 읽을 수 있습니다. 위에서 한글로 소릿값을 쓴 것은 이해하기 편하기 위한 것이므로 이해를 했으면 한글로 쓰지 말고, 원어민의 발음을 잘 따라서 해 주시기 바랍니다.

3 장모음 활용

Long Vowel Sounds (장모음소리)

알파벳	발음	낱말
a	에이 [ei]	bake, cake, lake, game, name
e	이- [iː]	bee, tree, sheep
i	아이 [ai]	bike, mike, nine, pine, line
o	오우 [ou]	bone, cone, hole, home, nose
u	유- [juː]	cute, cube, tube, June, mule

단모음에 있는 다섯 가지 모음이 장모음으로 소리가 날 경우도 있습니다. 위에서 보듯이 a는 '애' 에서 '에이' 로, e는 '에' 에서 '이~' , i는 '이' 에서 '아이' , o는 '아' 에서 '오우' , u는 '어' 에서 '유~' , 로 소릿값이 길어집니다. 장모음의 소릿값은 알파벳 이름하고 비슷하게 납니다. 그리고 장모음으로 소리나는 낱말들에는 보통 뒤에 '-e' 가 나오는 것이 많습니다. 그리고 이 '-e' 의 소릿값은 없습니다.

단모음처럼 예를 들어 발음을 만들어 보면 다음과 같습니다.

cake → / 크 - 에이 - 크 / = / 케이크 /
bee → / 브 - 이~ / = / 비~ /
nine → / 느 - 아이 - 느 / = / 나인 /
home → / 흐 - 오우 - 므 / = / 호움 /
tube → / 트 - 유~ - 브 / = / 튜~브 /

앞에서도 말했듯이 한글로 소릿값을 쓴 것은 이해하기 편하기 위한 것이므로 이해를 했으면 한글로 쓰지 말고, 원어민의 발음을 잘 따라서 해 주시기 바랍니다. 왜냐하면 한글 철자법과 영어의 발음이 정확히 같을 수는 없기 때문입니다.

4 두 가지로 소리나는 자음 활용

두 가지로 소리나는 자음 소리

알파벳	발음	낱말
C c (Hard)	크 [k]	cat[kæt]
C c (Soft)	스 [s]	city[síti]
G g (Hard)	그 [g]	goat[gout]
G g (Soft)	즈 [dʒ]	gym[dʒim]
S s (Hard)	쓰 [s]	sun[sʌn]
S s (Soft)	즈 [z]	fuse[fju:z]

한 가지 더 알고 있어야 할 것은 많이 사용되는 자음 중에서 두 가지로 소리가 나는 경우가 있습니다. 위의 표에서 보듯이 c는 '크' 와 '스' 로, g는 '그' 와 '즈' 로, s는 '쓰' 와 '즈' 로 소리가 납니다. 이러한 낱말의 특성을 알고 있어야 영어를 듣고 발음하는데 어려움이 없습니다.

5 우리말에는 없는 발음들

발음기호	발음	단어
[dʒ]	'쥐' 와 비슷하게 발음	jam [dʒæm]
[ʒ]	'쥐' 와 비슷하게 발음하면서 성대를 울리면서 발음	vision [víʒən]
[tʃ]	'취' 와 비슷하게 발음	church [tʃə:rtʃ]
[ʃ]	'쉬' 와 비슷하게 발음	she [ʃi:]
[θ]	혀를 살짝 물면서 '쓰' 와 비슷하게 발음	think [θiŋk]
[ð]	혀를 살짝 물면서 '드' 와 비슷하게 발음	them [ðem]
[ŋ]	'ㅇ' 받침으로 발음	thing [θiŋ]
[r]	'ㄹ' 소리를 약하게 굴리듯이 발음	poor [puər]
[:]	모음 뒤에 붙으며, 길게 발음하라는 기호	see [si:]

Part 1
생활 속에서 영어 단어를 배워요

1st day

① 상표와 함께 재미있게 외워요.

의류에 관련된 이름

□ 헌트(H unt)

캐주얼 의류업체의 이름이죠? hunt는 영어로 '사냥하다' 또는 '사냥'이라는 뜻이에요. 그리고 hunt에 -er을 붙이면 '사냥꾼'이라는 뜻이 돼요. 그럼, casual(캐주얼)은 무슨 뜻일까요? '우연한'이라는 뜻도 있지만, 여기에서는 '격식을 차리지 않은'이라는 뜻으로 쓰여요.

hunt [hʌnt] ㊐ 사냥하다 ㊔ 사냥

casual [kǽʒuəl] ㊕ 1 우연한 2 격식을 차리지 않은

□□ 뱅뱅(BangBang)

이 상표 역시 캐주얼 의류 업체의 이름이에요. bangbang은 의성어로서 우리말로 하자면 '탕탕'하는 총소리나, '쿵쾅'하는 큰 소리로 해석할 수 있어요.

bang [bæŋ] ㊐ 쾅하고 세게 부딪히다 ㊔ 꽝하는 소리

□□ 톰보이(Tomboy)

tomboy의 뜻은 '말괄량이, 남자 같은 여자'라는 뜻이에요. 어때요? 캐주얼 의류의 이미지와 정말 잘 어울리죠?

tomboy [tɑ́mbɔ̀i] ㊔ 말괄량이, 사내 같은 계집아이

□□ 베이직하우스(Basichouse)

basic은 '기초적인, 근본적인'이라는 뜻이에요. 그리고 house는 모두 알고 있죠? '집'이라는 뜻이에요.

basic [béisik] ⓗ 기초적인, 근본적인

house [haus] ⓜ 집, 가옥

□□ 서쓰데이아일랜드(Thursdayisland)

상표 이름치고는 참 길죠? 두 단어가 합해져서 이렇게 길어진 거예요. 먼저 Thursday는 '목요일'이라는 뜻이고, island는 '섬'이라는 뜻이에요. 합하면 '목요일 섬' 정도가 되겠죠?

Thursday [θə́:rzdei] ⓜ 목요일

island [áilənd] ⓜ 섬

□□ 메이폴(Maypole)

Maypole은 5월 축제에 쓰이는 장대인데 꽃이나 리본 따위로 장식한 기둥이에요. 또 다른 뜻으로는 '꺽다리'라는 의미도 있다고 해요.

May [mei] ⓜ 5월

pole [poul] ⓜ 막대, 장대

□□ 루트(Root)

이 단어는 생활 속에서도 비교적 많이 쓰이는 단어로, '뿌리' 또는 '뿌리를 내리다, 정착하다'라는 뜻이에요.

root [ru:t] ⓜ 뿌리 ⓓ 뿌리를 내리다

2nd day

□□ 영에이지(Youngage)

신발이 나오는 브랜드죠! youngage는 '젊은'이라는 뜻의 young과 '나이'라는 뜻의 age가 합쳐진 말로 '젊은 사람들'을 위한 신발이라는 뜻을 나타내고 있겠죠?

young [jʌŋ] ⓗ 젊은, 어린

age [eidʒ] ⓜ 나이, 연령

□□ 랜드로버(Landrover)

역시 신발이 나오는 브랜드예요. land '땅, 육지'라는 뜻과 rover '유랑자'라는 뜻이 합해져서 얼마든지 자유롭게 걸어 다닐 수 있다는 의미가 딱 전달되죠?

land [lænd] ⓜ 뭍, 육지

rover [róuvər] ⓜ 유랑자, 표류자

□□ 게스(Guess)

Guess는 유명한 청바지 상표 이름이죠. '추측, 짐작' 또는 '추측하다, 짐작하다'라는 뜻이에요.

guess [ges] ⓓ 추측하다 ⓜ 추측

□□ 보디가드(Bodyguard)

속옷을 만드는 브랜드예요. bodyguard는 '경호원'이라는 뜻인데, body '몸, 신체'라는 단어와 guard '지키다, 경호하다'라는 단어를 붙여서 표현했어요.

bodyguard [bɑ́digɑ̀:rd] ⓜ 경호원, 수행원

□□ 조이너스(Joinus)

joinus는 여성용 의류 브랜드인데요, join '함께 하다' 라는 단어와 us '우리' 라는 단어를 합해서 만든 이름이죠. 아마도 '우리 모두 함께 입는 옷' 이라는 의미를 표현하고 싶었겠죠?

join [dʒɔin] ⓢ 가입하다, 결합하다

us [ʌs] ⓓ 우리를, 우리에게

□□ 크로커다일(Crocodile)

crocodile은 '악어' 라는 뜻이에요. 아마도 한 번쯤은 악어 그림이 있는 티셔츠를 본 적이 있을 거예요. 바로 그 티셔츠가 이 제품이에요. 그런데 이 회사는 '악어' 라는 뜻으로 어떤 이미지를 살리려고 한 걸까요? 여러분이 한번 추측(guess)해 보세요!

crocodile [krάkədàil] ⓜ 악어

□□ 트라이(Try)

모두 아시지요? 유명한 속옷 이름 try는 '시도하다' 라는 뜻이에요. 아마 한번 사서 입어보라는 의미겠지요?

try [trai] ⓢ 시도하다, 해보다

자동차에 관련된 이름

□□ 포니(Pony)

한국 최초로 독자적으로 만든 자동차 이름으로 그 뜻은 '조랑말'이에요. 한국의 '조랑말'의 이미지를 보이려고 노력했다고 하네요.

pony [póuni] ㊐ 조랑말

□□ 갤로퍼(Galloper)

이 차는 지프형의 차로 주로 험한 길을 다닐 때 많이 사용하게 되는 차예요. 단어는 gallop '질주'라는 명사에 '~하게 하는 사람(것)'의 의미를 나타내는 −er을 붙여서 '빠르게 질주하는 차' 또는 '가장 빠른 차'라는 이미지를 나타내고 있어요.

gallop [gǽləp] ㊐ 빠른 걸음, 질주 ㊁ 전속력으로 달리다
galloper [gǽləpər] ㊐ 말을 질주시키는 사람

□□ 프라이드(Pride)

'긍지, 자랑거리'라는 뜻의 자동차예요. 소형차지만 '긍지와 자존심'을 가지고 '튼튼하고, 좋은 차를 만들었다'라는 의미를 부여했겠죠?

pride [praid] ㊐ 자랑, 자존심

□□ 모닝(Morning)

여성층을 겨냥한 소형차인데, morning은 '아침' 이라는 뜻이에요. 아마도 상큼한 이미지를 주려고 한 것 같아요.

morning [mɔ́ːrniŋ] ⓜ 아침, 오전

□□ 타우너(Towner)

이 단어 역시 town '읍' 이라는 명사에 -er이 붙어서 '읍민' 이라는 뜻을 표현하고 있어요. 아마도 '읍' 에서 돌아다니기 좋은 차라는 의미를 표현하고 있는 것 같아요.

town [taun] ⓜ 읍(邑) : 보통 village보다 크고 city보다 작은 행정 구역

towner [táunər] ⓜ 읍(시)의 사람, 읍민

□□ 액셀(Excel)

제품의 이름을 정할 때는 아무래도 좋은 제품이라는 것을 나타내고 싶어 하죠. 그래서 이 자동차의 이름 excel도 '~을 능가하다, 탁월하다' 라는 뜻을 표현하고 있어요.

excel [iksél] ⓢ ~ 을 능가하다, ~보다 뛰어나다

□□ 액센트(Accent)

accent라는 단어는 '강조' 라는 뜻이지요. 그럼, 이 자동차는 무엇을 강조하고 있는 것일까요? 소형차지만 세련된 디자인을 강조하고 싶은 건 아닐까요?

accent [ǽksent] ⓜ 악센트, 강조

□□ 포터(Porter)

이 차는 짐을 실을 수 있는 차예요. 그래서 이름도 porter '짐꾼'이라는 뜻이에요. 차의 기능을 정말 잘 표현한 이름이죠?

porter [pɔ́ːrtər] ㊔ 운반인, 짐꾼

□□ 카니발(Carnival)

이 차는 짐도 많이 실을 수 있고, 사람도 많이 탈 수 있는 차예요. 그래서 carnival '축제' 같은 때에 유용하게 쓸 수 있다는 의미로 이런 이름을 짓지 않았을까요?

carnival [kάːrnəvəl] ㊔ 사육제, 카니발

□□ 프린스(Prince)

이 차는 중형차인데요, 중형차 중에서도 아주 크지는 않아서인지 king '왕'이 아니라 prince '왕자'라는 이름을 붙였네요.

prince [prins] ㊔ 왕자, 왕손

□□ 다이너스티(Dynasty)

dynasty는 '왕조, 명문가' 라는 뜻이에요. 왕국의 전통과 권위를 강조하는 최고급차라는 것을 나타내려고 이 이름을 사용했어요.

dynasty [dáinəsti] ㊔ 왕조

□□ 캐피탈(Capital)

capital은 '중요한, 우수한' 이라는 뜻이 있어요. 그래서 명사로는 '수도' 라는 뜻으로도 쓰이고요. 어쨌든 이 차는 '우수하다' 는 것을 나타내려고 했겠죠?

capital [kǽpətl] ㊒ 주요한, 우수한 ㊔ 수도, 자본

□□ 그렌져(Grandeur)

중형차를 대표할 수 있는 우리나라의 차죠? 차의 크기에 알맞게 '장대, 웅대' 라는 뜻이에요.

grandeur [grǽndʒə*r*] ㊔ 장대, 웅대

□□ 체어맨(Chairman)

chairman이라는 단어를 글자 그대로 해석하면 '의자에 앉는 사람' 이란 뜻이지요.
이 말은 중요한 인물 즉, '의장, 장관' 등을 뜻하는 말이에요.

chairman [tʃέə*r*mən] ㊔ 의장, 회장

5th day

식품에 관련된 이름

□□ 포카리 스웨트(Pocari Sweat)

이온음료의 이름이에요. 여기에서 sweat는 '땀'이라는 뜻인데, 땀 흘릴 때 마시면 좋아서 붙여진 이름이겠죠?

sweat [swet] ⓜ 땀 ⓢ 땀을 흘리다

□□ 커피메이트(Coffeemate)

mate는 '동료, 친구'를 뜻하는 말이에요. 그러니까 coffeemate는 '커피의 친구'란 뜻이 되겠죠? 그럼, mate를 이용한 다른 단어는 무엇이 있을까요? classmate(클래스메이트)는 '반친구', roommate(룸메이트)는 '방친구', soul mate(소울메이트)는 '영혼의 동반자'라는 의미가 된답니다.

mate [meit] ⓜ 동료, 상대, (특히) 배우자

□□ 스프라이트(Sprite)

이것은 음료수의 이름인데요, '꼬마 요정'이라는 귀여운 뜻을 가지고 있어요.

sprite [sprait] ⓜ 요정, 꼬마 요정

□□ 덴티스트(Dentist)

껌 이름이라는 것 다 아시죠? dentist는 원래 '치과의사' 라는 뜻인데, 이 껌을 씹으면 치아에 좋다는 이미지를 주기 위해서 지은 이름이에요.

dentist [déntist] ⓜ 치과의사

□□ 프리마(Prima)

커피와 함께 타서 마시는 프림의 이름이에요. 뜻은 '제1의, 주요한' 이라는 뜻이고요. 프리마돈나(Prima donna)라는 단어 아시죠? 이 말은 '오페라의 여성 주역 가수 또는 배우' 라는 뜻인데 여기에서도 prima가 쓰인 것을 알 수 있어요.

prima [priːmə] ⓗ 제1의, 주요한

□□ 맥심(Maxim)

커피 이름이라는 것 다 아시죠? 이 단어는 '격언, 금언' 이라는 뜻이랍니다. 뜻을 알고 나니 이 커피를 마실 때는 왠지 격언을 떠올리면서 엄숙하게 마셔야 할 것 같네요!

maxim [mǽksim] ⓜ 격언, 금언

□□ 테이스터스 쵸이스(Taster's Choice)

이것 역시 커피 이름이죠? taster는 '맛을 보는 사람' 이라는 뜻이고, choice는 '선택' 이라는 뜻이에요. 즉 '맛을 아는 사람이 선택하는 커피' 라는 의미를 나타내고 있어요.

taster [téistə*r*] ⓜ 맛을 보는 사람

choice [tʃɔis] ⓜ 선택, 선발

□□ 액설런트(Excellent)

excellent라는 아이스크림이 있어요. 이 단어의 뜻은 '아주 우수한'이라는 뜻이에요. 아마도 '아주 뛰어난' 맛으로 승부하겠다라는 의미를 나타내고 싶었을 거예요.

excellent [éksələnt] ⓗ 뛰어난, 우수한

□□ 에이스(Ace)

이 이름은 과자 이름도 되고, 침대의 이름도 되기도 하죠. 그리고 스포츠 중계를 볼 때도 자주 들을 수 있어요. 이 선수는 '에이스' 투수예요. 등으로... 이 단어의 뜻은 '우수한, 일류의'라는 뜻이랍니다.

ace [eis] ⓗ 일류의, 최고의

□□ 포테이토 칩 (Potato Chip)

과자 중에 potato chip이라는 것이 있는데, 감자로 만든 과자를 뜻하지요. 그렇다면 고구마는 뭘까요? sweet potato라고 합니다. '달콤한 감자'라는 뜻이죠.

potato [pətéitou] ⓜ 감자
chip [tʃip] ⓜ (과자류의) 얇은 한 조각

□□ 크라운 베이커리(Crown Bakery)

crown은 '왕관'이라는 뜻이고, bakery는 '빵집'이라는 뜻이에요. 빵집에 왕관을 씌운다는 것은 최고의 빵을 만든다는 의미를 표현하고 싶은 거겠죠?

crown [kraun] ⓜ 왕관
bakery [béikəri] ⓜ 빵집, 제과점

□□ 파파이스(Popeyes)

Popeye는 '포파이(뽀빠이)' 라는 말이에요. 뽀빠이는 옛날에 유행했던 만화영화의 주인공인데, '시금치를 먹으면 건강해져요.' 라고 항상 주장한답니다. 아마도 '이곳에서 먹으면 뽀빠이처럼 건강해져요.' 라는 이미지를 전달하고 싶었나 봐요.

Popeye [pάpai] ㉠ 뽀빠이

□□ 버거킹(Burger King)

버거 중의 '왕' 이라는 뜻을 표현하고 싶은 거겠죠?

burger [bə́ːrgər] ㉠ 《美구어》 =hamburger
king [kiŋ] ㉠ 왕, 임금

□ 피자헛(Pizza Hut)

hut은 '오두막' 이라는 뜻이에요. 그러니까 피자헛은 '피자 오두막' 이라고 해석할 수 있겠죠? 1957년 한 형제가 피자집을 운영하기 위해 허름한 가게를 얻었는데 그 가게가 오두막처럼 생겼다고 해서 이름이 pizza hut이 되었다고 하네요.

pizza [píːtsə] ㉠ 피자
hut [hʌt] ㉠ 오두막

기타

□□ 키티(Kitty)

유명한 캐릭터 이름이에요. 캐릭터의 모습 그대로 '아기 고양이' 라는 뜻이에요.

kitty [kíti] ㊔ 새끼 고양이, 야옹이(고양이의 애칭)

□□ 스누피(Snoopy)

스누피는 너무나 귀여운 강아지의 캐릭터예요. 원래의 뜻은 '엿보며 다니는, 참견하기 좋아하는' 이라고 하네요.

snoopy [snú:pi] ㊎ 엿보며 다니는, 참견하기 좋아하는

□□ 미피(Miffy)

표정이 없지만 그래도 너무 귀여운 토끼 캐릭터예요. 그런데 그 뜻은 '화를 잘 내는' 이라는 뜻이래요. 글쎄요, 생각했던 이미지와 별로 어울리지 않죠?

miffy [mífi] ㊎ 화를 잘 내는, 성미가 급한

□□ 에버그린(Evergreen)

문구류가 나오는 브랜드예요. ever '항상, 언제나', green '초록색의'이라는 뜻이 합해져서 '항상 초록색의'라는 의미를 나타내요.

evergreen [évərgrìːn] ⓗ 상록의, 상록의 잎을 가진

□□ 모닝글로리(Morning Glory)

morning '아침'이라는 뜻이라는 것 앞에서 배웠죠? glory는 '영광'이라는 단어인데, 이 두 단어를 합해서 '나팔꽃'이라는 꽃의 이름이 된답니다.

glory [glɔ́ːri] ⓜ 영광, 영예

morning glory [mɔ́ːrniŋ glɔ́ːri] ⓜ 나팔꽃

□□ 락앤락(Lock & Lock)

주부들을 위한 밀폐용기 중에 lock & lock이라는 것이 있어요. lock은 '잠그다'라는 뜻이고, &는 and '그리고, 또'를 줄여서 표현하는 말이니까 lock & lock하면, '잠그고 또 잠근다'는 뜻이 되겠지요?

lock [lɑk] ⓜ 자물쇠 ⓓ 잠그다

□□ 주서기(Juicer)

과일이나 야채 등을 주스로 만들 때 사용하는 기계를 주서기라고 해요. 이 단어는 juice에 −r이 붙어서(juice가 e로 끝나서 r만 붙었어요.) juicer '주스를 만들어주는 것'이라는 뜻이 되죠.

juicer [dʒúːsər] ⓜ 즙으로 만들어 주는 것

□□ 콘텍트 렌즈(Contact Lens)

contact lens는 시력이 좋지 않은 사람이 안경 대신 쓰는 렌즈예요. contact '접촉'이라는 뜻이므로 안경과는 달리 눈에 직접 접촉된다는 의미를 나타내고 있어요.

contact [kɑ́ntækt] ㊔ 접촉 ㊍ 접촉하다
lens [lenz] ㊔ 렌즈

□□ 팝콘(Popcorn)

옥수수(corn)를 전자레인지에 넣고 튀기면 옥수수가 펑펑 터지며(pop) 팝콘이 됩니다. 과자 중에 스위트 콘, 콘 칩 등 '콘' 자가 들어간 과자는 옥수수(corn)로 만든 과자라는 사실을 잊지 마시길!

popcorn [pɑ́pkɔ̀ːrn] ㊔ 팝콘, 튀긴 옥수수
pop [pɑp] ㊍ 펑 소리가 나다, 펑펑 터지다

□□ 엘라스틴(Elastin)

유명한 샴푸이름이죠. 이 단어는 '탄력소'라는 뜻이에요.

elastin [ilǽstin] ㊔ 탄력소

□□ 프레미엄(Premium)

아기들이 먹는 분유의 이름이에요. 엄마들은 뭐든지 좋은 것을 아기에게 주고 싶어 하죠? 그래서 분유의 이름도 premium '고급의' 라는 이름으로 지었어요.

premium [príːmiəm] ㊔ 1 상, 상금 2 경품, 프리미엄
㊗ 고급의

□□ 사이언스(Science)

이것도 분유 이름인데요, science '과학'이라는 뜻이에요. '영양이 과학적으로 골고루 배합되도록 만들었다'라는 의미를 부여하고 싶은 것 같아요.

science [sáiəns] ⓜ 과학, 자연과학

□□ 도브(Dove)

비누와 샴푸 제품이 나오는 브랜드예요. dove는 '평화를 상징하는 흰 비둘기'의 뜻인데, 순하고 부드럽다는 이미지를 주기 위해 쓴 것 같아요.

dove [dʌv] ⓜ 비둘기, (순결 · 애정 · 평화의 상징으로서의) 흰 비둘기

□□ 피존(Pigeon)

이 제품은 엄마들이 쓰는 섬유유연제의 이름인데요. 이것도 '비둘기'라는 뜻이에요.

pigeon [pídʒən] ⓜ (들)비둘기

Check! Check!

A 영어는 우리말로, 우리말은 영어로 쓰세요.

❶ basic	________	⓫ 잠그다	________
❷ island	________	⓬ 치과의사	________
❸ tomboy	________	⓭ 과학	________
❹ crocodile	________	⓮ 집, 가옥	________
❺ pony	________	⓯ 뿌리	________
❻ morning	________	⓰ 추측하다	________
❼ town	________	⓱ 시도하다	________
❽ prince	________	⓲ 경호원	________
❾ capital	________	⓳ 자랑, 자존심	________
❿ choice	________	⓴ 의장, 회장	________

B 다음 빈칸에 알맞은 단어를 쓰세요.

❶ ________는 영어로 '사냥하다' 또는 '사냥' 이라는 뜻이에요.

❷ '젊은' 이라는 뜻의 ________과 '나이' 라는 뜻의 ________가 합쳐진 말로 '젊은 사람들' 을 위한 신발이라는 뜻을 나타내고 있겠죠?

❸ ________는 '평화를 상징하는 흰 비둘기' 의 뜻인데, 순하고 부드럽다는 이미지를 주기 위해 쓴 것 같아요.

❹ 이 차는 짐을 실을 수 있는 차예요. 그래서 이름도 ________ '짐꾼' 이라는 뜻이에요.

❺ 과자 중에 ________ ________ 이라는 것이 있는데, 감자로 만든 과자를 뜻하지요.

❻ ________은 '왕관' 이라는 뜻이고, ________는 '빵집' 이라는 뜻이에요.

❼ ________ '땅, 육지' 라는 뜻과 ________ '유랑자' 라는 뜻이 합해져서 얼마든지 자유롭게 걸어 다닐 수 있다는 의미가 딱 전달되죠?

C 가로 열쇠와 세로 열쇠를 보고 단어 퍼즐을 풀어보세요.

가로열쇠 ❶ 말괄량이 ❹ 아주 우수한 ❻ (햄)버거 ❼ 꼬마 요정 ❾ 피자
⓾ 읍민 ⓭ 팝콘 ⓯ 일류의, 수석의 ⓰ 영광

세로열쇠 ❷ 동료, 상대 ❸ 상록의 ❺ 격식을 차리지 않은, 캐주얼한
❽ 비둘기 ⓫ 왕조의 ⓬ 얇은 한 조각 ⓮ 왕

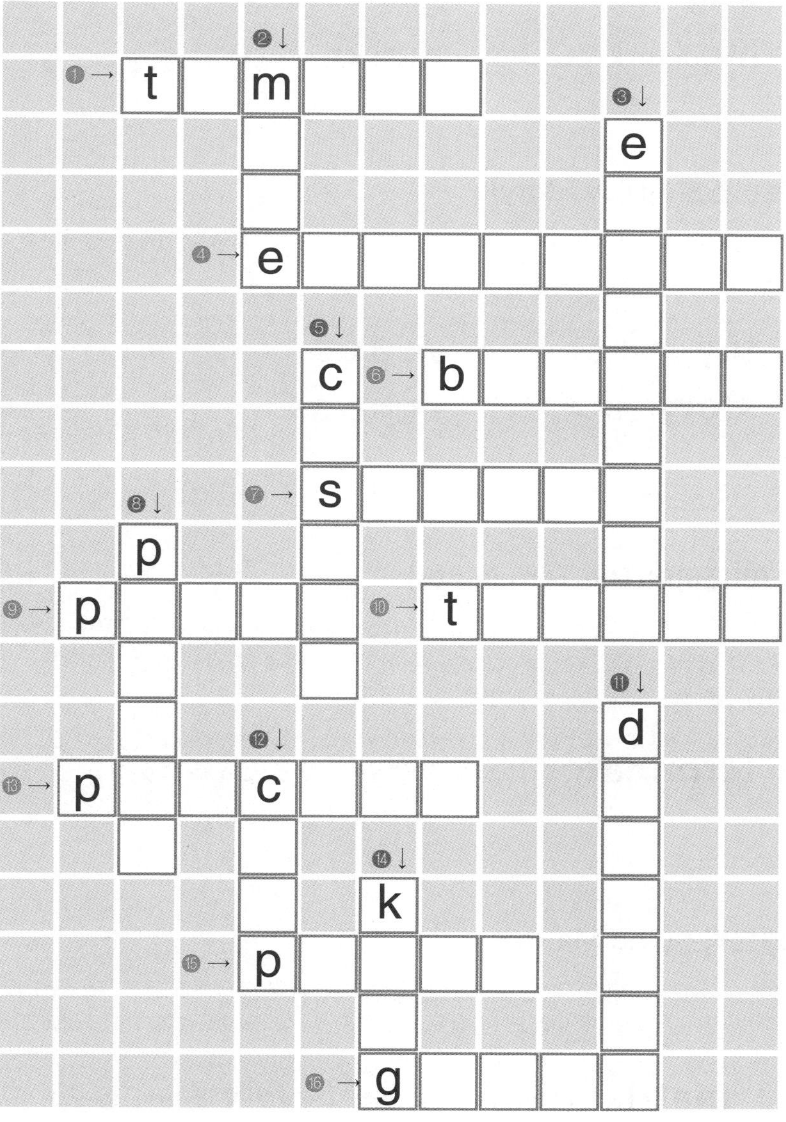

② 생활 속에서 찾아서 외워요.

영화제목으로 배워요

□□ 벅스라이프(Bug's life)

이 영화는 개미들이 주인공으로 나오는 만화 영화예요. bug는 '곤충'을 뜻하는 단어구요, life는 '생활, 삶'이라는 뜻이지요. 그러니까 '곤충들의 삶' 정도로 해석할 수 있겠죠?

bug [bʌg] ⓜ (일반적으로) 곤충

life [laif] ⓜ 생명, 삶

□□ 토이스토리(Toy Story)

이 영화는 장난감들이 등장하는 만화 영화죠? toy는 '장난감'이라는 단어이고, story는 '이야기'라는 뜻이에요.

toy [tɔi] ⓜ 장난감, 완구

story [stɔ́:ri] ⓜ 이야기, 동화

□□ 터미네이터(The Terminator)

주인공 아놀드 슈왈츠 제너거의 대사 I'll be back.(곧 돌아오겠다.)으로 유명한 영화예요. 그 영화의 제목인 terminator는 좀 어려운 말인데. '종결자'라는 말이에요. 쉽게 말하자면 '끝내는 사람' 정도로 표현할 수 있어요.

terminator [tə́:rmənèitər] ⓜ 종결자, 종결물

□□ 매트릭스(The Matrix)

주인공 키애누 리브스가 총을 피하는 장면으로 유명한 영화예요. 제목 matrix의 뜻은 '기반, 발생지'라는 뜻이래요. 영화도 심오하지만 영화의 제목 역시 심오하네요.

matrix [méitriks] ⓜ (발생 · 성장의) 모체, 기반, 발생지

□□ 에이리언(Alien)

Alien은 우주의 무시무시한 생물에 대해서 다룬 영화예요. 원래의 뜻은 '외국인, 이방인' 이라는 뜻이네요.

alien [éiljən] ⓜ 외국인, 이방인

□□ 몬스터(Monster) 주식회사

몬스터 주식회사는 괴물 'monster' 라는 영어에 '주식회사' 라는 우리말을 함께 써서 만든 제목이에요. 영어와 우리말의 조화가 절묘하죠?

monster [mánstər] ⓜ 괴물

□□ 스파이더맨(Spiderman), 배트맨(Batman), 슈퍼맨(Superman)

먼저, man은 '남자' 또는 '인간' 을 뜻해요. 여기에 spider '거미' 를 붙이면 spiderman '거미인간', bat '박쥐' 를 붙이면 batman '박쥐인간'이 된답니다. 이렇게 영화에서 man앞에 단어를 붙인 것은 아마도 superman이 가장 먼저였을 거예요.

spider [spáidər] ⓜ 거미, 거미류의 절지동물

bat [bæt] ⓜ 박쥐

super [sú:pər] ⓗ 굉장한, 최상품의

□□ 프리티 우먼(Pretty Woman)

영화 속에서 같은 제목의 노래 Pretty woman도 유명하죠? pretty는 '예쁜', woman은 '여자' 라는 뜻이지요.

pretty [príti] ㉠ 예쁜, 귀여운
woman [wúmən] ㉢ 여성, 여자

□□ 스크림(Scream)

외국 영화 중에 스크림이라는 아주 무서운 공포영화가 있어요. scream의 뜻은 '비명' 이랍니다.

scream [skriːm] ㉣ 비명을 지르다 ㉢ 비명, 절규

□□ 큐브(The Cube)

정육면체의 공간 안에서 생겨나는 일을 다룬 영화예요. 그래서 제목이 cube '정육면체' 가 되었어요.

cube [kjuːb] ㉢ 입방체, 정육면체

□□ 뷰티플 마인드(The Beautiful Mind)

유명한 천재교수이지만 정신병을 앓았던 실제 인물을 그린 영화예요. beautiful (아름다운) + mind (마음)이니까 '아름다운 마음'으로 해석할 수 있어요.

beautiful [bjúːtəfəl] ㉻ 아름다운, 고운
mind [maind] ㉾ 마음, 정신

□□ 사운드 오브 뮤직(The Sound of Music)

'에델바이스'와 '도레미송'이 나오는 뮤지컬 영화의 고전이에요. sound는 '소리'라는 뜻이고, music은 '음악'이라는 뜻이에요. 즉 '음악 소리'라는 뜻이 되겠죠.

sound [saund] ㉾ 소리, 음
music [mjúːzik] ㉾ 음악

□□ 스타워즈(Star Wars)

몇 십 년 전의 영화지만 지금까지도 인기 있는 영화예요. star는 '별'이라는 뜻이고, war는 '전쟁'이라는 뜻이에요. 복수형 -s가 붙어서 '별들의 전쟁'으로 해석할 수 있어요.

star [stɑːr] ㉾ 별 ㉻ 별의, 별모양의
war [wɔːr] ㉾ 전쟁 (상태)

□□ 브레이브 하트(Brave Heart)

멜 깁슨 주연의 브레이브 하트라는 영화가 있어요. 문자 그대로의 해석은 '용감한 마음'이겠지요.

brave [breiv] ㉻ 용감한
heart [hɑːrt] ㉾ 심장, 마음

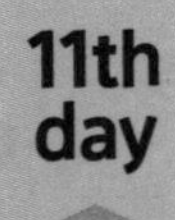

컴퓨터 용어와 함께 배워요

□□ 인터넷(internet)

internet이라고 할 때의 inter는 '상호간의' 라는 뜻이고, net은 '그물, 통신망' 이라는 뜻이지요. 인터넷은 1983년 미국 [알파네트]로부터 출발한 전 세계적인 통신망이랍니다.
inter(서로) + net(그물) = Internet(인터넷)

Internet [íntərnèt] ⓜ 인터넷

net [net] ⓜ 그물, 네트, 통신망

□□ 네티즌(netizen)

netizen이라는 말은 인터넷상의
net(통신망)과 citizen(시민)이 합쳐진 말이랍니다.

citizen [sítəzən] ⓜ 시민, 공민

□□ 비트(bit)와 바이트(byte)

bit는 '작은 조각'이라는 뜻이에요. 컴퓨터 용어로 쓰이는 '비트'는 정보량의 최소 기본단위를 일컫는 말이랍니다. '바이트'라는 것은 bit가 8개가 모인 것으로 테이터를 저장하거나 명령어를 수행시켜요.

bit [bit] ⓜ 작은 조각

byte [bait] ⓜ 바이트(정보기억 용량단위; 통상 8 bits로 이루어짐)

□□ 데이터(data)

컴퓨터를 잘 관리하려면 자료가 많이 있어야 하죠? data가 바로 '자료' 라는 뜻이에요.

data [déitə] ⓜ 데이터, 자료

□□ 마우스(mouse)와 키보드(keyboard)

컴퓨터를 사용할 때 mouse와 keyboard는 꼭 필요하죠. mouse는 원래 '쥐'라는 뜻인데, 모양이 쥐와 닮아서 그렇게 지어진 것이라고 해요. keyboard는 컴퓨터의 '자판' 외에도, 피아노와 같은 건반 악기의 '건반'도 가리켜요.

mouse [maus] ㊔ 생쥐
keyboard [kíːbɔ̀ːrd] ㊔ 건반, (컴퓨터 따위의) 자판, 키보드

□□ 닷(dot)

메일 주소를 말할 때 '~ 닷컴' 이라는 말을 사용하지요. 인터넷 사이트를 칠 때나 메일을 보낼 때 쓰는 닷(dot)은 '점'을 의미해요.

dot [dɑt] ㊔ 점, 반점, 얼룩
㊍ …에 점을 찍다, 점선을 긋다

□□ 퍼스널 컴퓨터(personal computer)

줄여서 피씨(PC)라고 하죠. personal computer의 약자로 '개인용 컴퓨터'라는 뜻이에요.

personal [pə́ːrsənl] ㊒ 개인의, 개인적인
computer [kəmpjúːtər] ㊔ 컴퓨터

□□ 시스템(system)

인터넷을 사용하다 보면 가끔 'system 점검 중'일 때가 있지요? 그 사이트의 system에 문제가 발생하여 수리(점검)하는 경우라고 볼 수 있지요. 시스템을 우리나라 말로 굳이 표현하자면 '조직, 체계'라고 할 수 있답니다.

system [sístəm] ⓜ 시스템, 체계, 조직

□□ 에러(error)

'시스템 에러(System Error)'라는 말도 많이 들어봤죠?
시스템이 뭔가 잘못되었다는 것을 알려주는 말이지요.

error [érər] ⓜ 잘못, 실수

□□ 스킵(skip)

인터넷 사이트에 들어가면 커다란 광고가 화면 중앙을 차지하고 있는 것을 종종 봅니다. 광고를 보고 싶지 않을 때는 광고의 윗부분이나 아랫부분에 있는 skip이라는 표시를 누르세요. 그러면 그 광고를 건너 뛸 수 있어요.

skip [skip] ⓢ 건너뛰며 읽다, 가볍게 뛰다

□□ 스캐너(scanner)

scanner는 컴퓨터의 주변 기기로서 사진 등을 읽어서 저장하는 도구이지요. scan '자세히 조사하다' 라는 말에 –(n)er이 붙어서 이루어진 말이에요.

scan [skæn] ⓢ …을 자세히 조사하다, 정밀 검사하다

□□ 메모리(memory)

컴퓨터의 구성 부분으로, 데이터나 프로그램을 기억시켜 두는 장치를 말해요.

memory [méməri] ⓜ 기억, 상기

□□ 도메인(domain)

인터넷에 연결된 다른 컴퓨터와 통신하려면 그 시스템의 주소를 알아야죠? 영문으로 이루어진 주소를 도메인이라고 해요. 참고로 도메인은 1, 2, 3단계로 나뉘는데 1단계는 서버 이름이고, 2단계는 기업인지 공공기관인지 학교인지를 뜻하고, 3단계는 나라를 뜻해요.

domain [douméin] ⓜ 영토, 영지(개인의) 소유지

□□ 업로드(upload)와 다운로드(download)

인터넷에서 어떤 자료나 프로그램을 '다운받았다' 라는 말을 많이 쓰죠? 이 말은 정확히 하자면 'download' 라는 말이 맞아요. 반대되는 말은 upload랍니다.

upload [ʌ́plòud] ⓢ 〈컴퓨터〉 데이터 · 프로그램을 전송하다
download [dáunlòud] ⓢ 〈컴퓨터〉…을 다운로드 [이송, 복사] 하다

13th day

야구와 축구 용어로 영어를 배워요

□□ 베이스(base)

야구에서 base는 내야의 네 귀퉁이에 있는 방석같이 생긴 것을 말해요. 1루는 first base, 2루는 second base, 3루는 third base라고 해요.

base [beis] ⓜ (야구의) 베이스, 기초, 토대

□□ 메이저(major)와 마이너(minor)

미국의 프로야구에는 최고의 선수들이 시합을 벌이는 major 리그가 유명합니다. 그리고 메이저 리그를 목표로 달리는 minor 리그가 있지요.

major [méidʒər] ⓗ 중요한, 보다 많은 ⓜ 성인

minor [máinər] ⓗ 중요하지 않은, 보다 작은 ⓜ 미성년자

□□ 파울(foul)

축구 선수가 상대방 선수에게 발을 건다던가, 손을 잡는다던가 하는 잘못된 행동을 하면 심판이 호각을 불고서 foul이라고 말하고 경기를 중단시켜요.

foul [faul] ⓗ (공기 · 물 따위가) 오염된, 더러운
ⓑ 부정하게, 위법으로

□□ 패스(pass)

한 선수가 자기편 선수에게 공을 건네주는 것을 말해요.

pass [pæs] ⓓ 1 지나가다 2 건네주다, 보내다

□□ 스윙(swing)

야구에서 타자가 있는 힘을 다해 방망이를 휘둘렀는데 공을 맞추지 못하고 헛방망이질을 하면 아나운서가 이렇게 외치지요. “~스윙(swing)”

swing [swiŋ] ⓢ 빙 돌다, 흔들리다 ⓜ 휘두름, 그네

□□ 히트(hit)

‘스윙’과 반대라고 볼 수 있는데, 공을 방망이에 맞춘 것을 hit라고 해요.

hit [hit] ⓢ 때리다, 치다 ⓜ 타격, 충돌

□□ 핸들링(handling)

축구는 발로만 하는 경기이죠. 골키퍼 외의 선수가 손으로 공을 잡거나 닿게 되면 반칙이 되는데 이것을 handling이라고 해요.

handling [hǽndliŋ] ⓜ 손으로 만지기(잡기, 사용하기)

□□ 볼 콘트롤(ball control)

ball control은 선수가 공을 다루는 것을 말하는 표현이에요. 여기에서 control은 '~을 지배하다, 통제하다' 라는 의미이구요.

control [kəntróul] ⓢ …을 지배하다, 통제하다
ⓜ 지배(력), 통제(력)

□□ 골키퍼(goal keeper)

골(득점)이 들어오지 못하게 막는 골문 앞을 지키는 사람이죠. 여기에서 keeper는 '지키는 사람' 이라는 뜻이에요.

goal [goul] ⓜ 목표, 골, 득점

keeper [kíːpər] ⓜ 지키는 사람, 보호자

□□ 드리블(dribble)

축구나 농구, 핸드볼에서 한 선수가 공을 몰고 나가는 동작을 가리키는 말이죠. dribble의 원래의 뜻은 '물이 똑똑 떨어지다' 라는 뜻이에요.

dribble [dríbl] ⓢ (물이) 똑똑 떨어지다, 줄줄 흐르다

□□ 패널티킥(penalty kick)

축구에서 골대가 있는 근처(penalty area)에서 반칙을 하는 팀에게 주는 벌이지요. 이 penalty라는 단어는 그래서 '형벌, 처벌' 이라는 뜻이랍니다.

penalty [pénəlti] ㊔ 1 형벌, 처벌 2 벌금, 위약금

□□ 코너킥(corner kick)

공이 수비측의 신체 접촉에 의해 경기장 밖으로 나갔을 경우, 상대팀이 코너에 공을 놓고 공격하는 것을 말해요.

corner [kɔ́ːrnər] ㊔ 모서리, 모퉁이

kick [kik] ㊕ 차다, 걷어차다 ㊔ 차기, 발길질

□□ 코너킥 에어리어(corner kick area)

코너킥을 행하는 지역이라는 뜻이에요. 여기에서 area는 '지역, 구역' 이라는 뜻이에요.

area [ɛ́əriə] ㊔ 지역, 지상의 한 구역

□□ 파이널(final)

'파이널 경기' 라고 말하는 것을 들어봤을 거예요. final은 '최종의, 마지막의' 라는 뜻이므로, 곧 결승전을 의미해요.

final [fáinl] ㊖ 최후[최종]의, 마지막의

Check! Check!

A 영어는 우리말로, 우리말은 영어로 쓰세요.

❶ spider	________	⓫ 인터넷	________
❷ mind	________	⓬ 소리 지르다	________
❸ error	________	⓭ 모서리, 코너	________
❹ base	________	⓮ 목표, 득점	________
❺ bat	________	⓯ 건네주다	________
❻ mouse	________	⓰ 컴퓨터	________
❼ star	________	⓱ 정육면체	________
❽ monster	________	⓲ 전쟁	________
❾ life	________	⓳ 점, 반점	________
❿ data	________	⓴ 그물, 통신망	________

B 다음 빈칸에 알맞은 단어를 쓰세요.

❶ 이 영화는 장난감들이 등장하는 만화 영화죠? ________는 '장난감' 이라는 단어이고, ________는 '이야기' 라는 뜻이에요.

❷ ________은 우주의 무시무시한 생물에 대해서 다룬 영화예요. 원래의 뜻은 '외국인, 이방인' 이라는 뜻이네요.

❸ ________는 '소리' 라는 뜻이고, ________은 '음악' 이라는 뜻이에요. 우리말로 해석하자면 '음악 소리' 라는 뜻이 되겠죠.

❹ 코너킥을 행하는 지역이라는 뜻이에요. 여기에서 ________는 '지역, 구역' 이라는 뜻이에요.

❺ 인터넷에서 어떤 자료나 프로그램을 '다운받았다' 라는 말을 많이 쓰죠? 이 말은 정확히 하자면 ________라는 말이 맞아요.

❻ '스윙' 과 반대라고 볼 수 있는데, 공을 방망이에 맞춘 것을 ________라고 해요.

❼ 골(득점)이 들어오지 못하게 막는 골문 앞을 지키는 사람이죠. 여기에서 ________는 '지키는 사람' 이라는 뜻이에요.

C 가로 열쇠와 세로 열쇠를 보고 단어 퍼즐을 풀어보세요.

가로열쇠 ④ 곤충 ⑤ 종결자(터미네이터) ⑧ 최후의, 마지막의 ⑨ 통제하다 ⑬ 체제, 시스템 ⑭ 부정하게, 위법으로 ⑯ 다운로드하다

세로열쇠 ① 여자 ② 용감한 ③ 아름다운 ⑥ 중요한 ⑦ 기억, 상기 ⑩ 도메인 ⑪ 굉장한 ⑫ 중요하지 않는 ⑮ 심장

①↓ w
②↓ ④→ b
③↓ b
⑤→ t
⑥↓ m
⑦↓ m
⑧→ f
⑨→ c
⑩↓ d
⑪↓ s
⑫↓ m
⑬→ s
⑭→ f
⑮↓ h
⑯→ d

속담으로 다시 보는 영단어

- **The fortune of the house stands by its virtue.**

  그 집안의 행운은 덕과 함께 일어난다. (덕이 있어야 집안이 잘 된다.)

- **The old forget; the young don't know.**

  늙은이는 잊고 젊은이는 모른다.

- **Try a horse by riding him; try a man by associating with him.**

  말은 타 보아서 시험하고, 인간은 사귀어 보고 시험하라.

- **Pride goes before a fall.**

  오만함이 파멸을 부른다.

- **No morning sun lasts a whole day.**

  아침 해가 하루 종일 가지는 않는다.

- **A burden of one's own choice is not felt.**

  스스로가 선택한 짐은 무겁게 느껴지지 않는다.
  (하고 싶어서 하는 일은 힘들게 느껴지지 않는다.)

Part 2

신체와 역할을 함께 배워요

□□ **얼굴(face)**에 **미소를 짓다(smile).**

face [feis] ㉺ 얼굴 ㉾ 직면하다
smile [smail] ㉾ 미소 짓다 ㉺ 미소

□□ **머리(head)**를 **끄덕이며(nod)** 졸다.

head [hed] ㉺ 머리
nod [nɑd] ㉾ 끄덕이다 ㉺ 끄덕임

□□ **머리카락(hair)**을 단정하게 **빗질하다(comb).**

hair [hɛə*r*] ㉺ 머리카락, 털
comb [koum] ㉾ 빗질하다, 빗다 ㉺ 빗

□□ **눈(eye)**을 깜빡거리며 **윙크하다(wink).**

eye [ai] ㉺ 눈, 눈동자
wink [wiŋk] ㉾ 눈을 깜박이다 ㉺ 눈짓, 윙크

□□ **코(nose)**로 **냄새를 맡다(smell).**

nose [nouz] ㉺ 코
smell [smel] ㉾ 냄새 맡다 ㉺ 냄새

□□ **귀(ear)**를 기울여 **듣다(listen)**.

ear [iər] ㊎ 귀
listen [lísn] ㊐ 듣다

□□ **입(mouth)**을 벌려 **하품하다(yawn)**.

mouth [mauθ] ㊎ 입
yawn [jɔːn] ㊐ 하품하다 ㊎ 하품

□□ **입술(lip)**을 맞대고 **키스하다(kiss)**.

lip [lip] ㊎ 입술
kiss [kis] ㊎ 입맞춤 ㊐ 입맞추다

□□ **혀(tongue)**로 **맛을 보다(taste)**.

tongue [tʌŋ] ㊎ 혀, 말
taste [teist] ㊐ 맛을 보다 ㊎ 맛, 미각

□□ **이**(tooth)로 음식을 **씹다**(chew).

tooth [tuːθ] ㊔ 이, 치아

chew [tʃuː] ㊍ 씹다

□□ **목**(neck)에 넥타이를 **매다**(tie).

neck [nek] ㊔ 목

tie [tai] ㊍ 묶다, 매다

□□ **뺨**(cheek)에 **보조개**(dimple)가 생기다.

cheek [tʃiːk] ㊔ 뺨, 볼

dimple [dímpl] ㊔ 1 보조개 2 작게 패인 곳

□□ **턱**(chin)에 **수염**(beard)이 나기 시작하다.

chin [tʃin] ㊔ 턱

beard [biərd] ㊔ (턱)수염

□□ **기침**(cough) 때문에 **목구멍**(throat)이 아프다.

cough [kɔ(ː)f] ㊔ 기침 ㊍ 기침하다

throat [θrout] ㊔ 목구멍

□□ 어깨(shoulder)를 두드리다(tap).

shoulder [ʃóuldər] ㉺ 어깨
tap [tæp] ㉿ …을 톡톡 두드리다

□□ 팔꿈치(elbow)로 공격하다(attack).

elbow [élbou] ㉺ 팔꿈치
attack [ətǽk] ㉿ 공격하다 ㉺ 공격

□□ 팔(arm)을 뻗다(reach).

arm [ɑːrm] ㉺ 팔, 무기
reach [riːtʃ] ㉿ (팔을) 뻗다, 도착하다

□□ 손목(wrist)을 삐다(sprain).

wrist [rist] ㉺ 손목, 손목 관절
sprain [sprein] ㉿ (손목이나 발목을) 삐다

□□ **손(hand)**으로 **붙잡다(grab)**.

hand [hænd] ⓜ 손 ⓢ 건네주다

grab [græb] ⓢ 움켜잡다, 붙잡다

□□ **손바닥(palm)**으로 **박수를 치다(clap)**.

palm [pɑːm] ⓜ 손바닥

clap [klæp] ⓢ (손뼉을) 치다, 박수갈채하다

□□ **엄지손가락(thumb)**을 **다치다(hurt)**.

thumb [θʌm] ⓜ 엄지손가락

hurt [həːrt] ⓢ 다치다, 아프다 ⓜ 상처, 부상

□□ **손톱(nail)**으로 가려운 곳을 **긁다(scratch)**.

nail [neil] ⓜ 손톱, 발톱

scratch [skrætʃ] ⓢ 할퀴다, 긁다 ⓜ 할퀴기, 긁기

□□ 온 **몸(body)**으로 **제스처(gesture)**를 하다.

body [bɑ́di] ⓜ 몸, 신체
gesture [dʒéstʃər] ⓜ 제스처, 몸짓

□□ **가슴(breast)**을 **치며(beat)** 슬퍼하다.

breast [brest] ⓜ 가슴, 흉부
beat [biːt] ⓓ 두드리다 ⓜ (심장의) 고동소리

□□ **허리(waist)**를 **구부리다(bend)**.

waist [weist] ⓜ 허리
bend [bend] ⓓ 구부리다

□□ **엉덩이(hip)**를 **흔들다(shake)**.

hip [hip] ⓜ 엉덩이, 둔부, 허리
shake [ʃeik] ⓓ 흔들다

□□ **손가락(finger)**으로 **가리키다(point)**.

finger [fíŋgər] ⓜ 손가락
point [pɔint] ⓓ 가리키다 ⓜ (뾰족한) 끝

□□ **다리(leg)**에 힘을 주어 **걷다(step).**

leg [leg] ⓜ 다리

step [step] ⓜ 걸음, 스텝 ⓢ (조금) 걷다, 걸음을 옮기다

□□ 아기가 **무릎(knee)**으로 **기어가다(crawl).**

knee [niː] ⓜ 무릎

crawl [krɔːl] ⓢ 기다

□□ 누군가가 내 **발목(ankle)**을 **붙잡다(seize).**

ankle [ǽŋkl] ⓜ 발목

seize [siːz] ⓢ ~을 꽉 잡다, 쥐다

□□ **발(foot)**로 공을 **차다(kick).**

foot [fut] ⓜ 발

kick [kik] ⓢ 차다

□□ **발가락**(toe)을 **찧어서**(stub) 너무 아프다.

toe [tou] ㉮ 발가락, 발끝
stub [stʌb] ㉯ 부딪치다, 찧다

□□ **뇌**(brain)로 **생각하다**(think).

brain [brein] ㉮ 뇌, 두뇌
think [θiŋk] ㉯ 생각하다

□□ **심장**(heart)이 **뛰다**(beat).

heart [hɑːrt] ㉮ 심장, 마음
beat [biːt] ㉯ 치다, 뛰다 ㉮ 때리기

□□ **위**(stomach)에서 음식을 **소화시키다**(digest).

stomach [stʌ́mək] ㉮ 위, 배
digest [didʒést] ㉯ 소화시키다, 요약하다

□□ **폐**(lung)로 **호흡하다**(breathe).

lung [lʌŋ] ㉮ 폐, 허파
breathe [briːð] ㉯ 숨을 쉬다, 호흡하다

19th day

□□ **간**(liver)이 피를 **깨끗하게**(clean) 만들어준다.

liver [lívər] ⓜ 간

clean [kliːn] ⓗ 깨끗한 ⓑ 깨끗하게
ⓓ ~을 깨끗하게 하다

□□ **신장**(kidney)은 피에서 노폐물을 **걸러낸다**(separate).

kidney [kídni] ⓜ 신장, 콩팥

separate [sépərèit] ⓓ …을 분리하다, 떼어놓다

□□ **피**(blood)는 온 몸을 구석구석 **옮겨 다닌다**(transfer).

blood [blʌd] ⓜ 피, 혈액

transfer [trænsfə́ːr] ⓓ 옮기다, 이동하다

□□ 그녀는 **살**(flesh)이 많이 **빠지고**(lose) 있다.

flesh [fleʃ] ⓜ 살, 육체

lose [luːz] ⓓ 잃다, 분실하다

□□ **뼈**(bone)는 온 몸을 **지탱한다**(support).

bone [boun] ⓜ 뼈

support [səpɔ́ːrt] ⓓ (무게를) 지탱하다 ⓜ 지지, 유지

□□ 그는 **키**(hight)가 **보통이다**(average).

hight [hait] ㊔ 높이, 고도, 키

average [ǽvəridʒ] ㊕ 보통인, 평균인

□□ 태양 아래에서 **피부**(skin)를 **태우다**(tan).

skin [skin] ㊔ 피부, 가죽

tan [tæn] ㊖ 볕에 타다

□□ 열심히 **운동하면**(exercise) 멋진 **근육**(muscle)이 생긴다.

muscle [mʌ́səl] ㊔ 근육

exercise [éksərsàiz] ㊔ 운동, 체조
㊖ 훈련하다, 운동하다

□□ 그녀는 **몸무게**(weight)가 **많이 나간다**(heavy).

weight [weit] ㊔ 무게, 중량

heavy [hévi] ㊕ 무거운, 무게가 있는

Check! Check!

A 영어는 우리말로, 우리말은 영어로 쓰세요.

❶ hair ______________
❷ eye ______________
❸ tongue ______________
❹ tooth ______________
❺ cheek ______________
❻ finger ______________
❼ nose ______________
❽ foot ______________
❾ brain ______________
❿ stomach ______________
⓫ 가리키다 ______________
⓬ 냄새 맡다 ______________
⓭ 보조개 ______________
⓮ 빗질하다 ______________
⓯ (공을) 차다 ______________
⓰ 윙크하다 ______________
⓱ 생각하다 ______________
⓲ 맛을 보다 ______________
⓳ 씹다 ______________
⓴ 소화시키다 ______________

B 다음 빈칸에 알맞은 단어를 쓰세요.

❶ **입**(______________)을 벌려 **하품하다**(______________).
❷ **얼굴**(______________)에 **미소를 짓다**(______________).
❸ **어깨**(______________)를 **두드리다**(______________).
❹ **팔꿈치**(______________)로 **공격하다**(______________).
❺ **손목**(______________)을 **삐다**(______________).
❻ **허리**(______________)를 **구부리다**(______________).
❼ **심장**(______________)이 **뛰다**(______________).
❽ **엉덩이**(______________)를 **흔들다**(______________).
❾ 누군가가 내 **발목**(______________)을 **붙잡다**(______________).
❿ 그는 **키**(______________)가 **보통**(______________)**이다**.
⓫ **피**(______________)는 온 몸을 구석구석 **옮겨 다닌다**(______________).
⓬ **간**(______________)이 피를 **깨끗하게**(______________)만들어준다.
⓭ 아기가 **무릎**(______________)으로 **기어가다**(______________).
⓮ **엄지손가락**(______________)을 **다치다**(______________).
⓯ **입술**(______________)을 맞대고 **키스하다**(______________).

C 가로 열쇠와 세로 열쇠를 보고 단어 퍼즐을 풀어보세요.

가로열쇠 ④ 위 ⑤ 움켜잡다, 붙잡다 ⑧ 듣다 ⑩ 손 ⑪ 제스처
⑭ 소화시키다 ⑮ 생각하다 ⑰ ~을 꽉 쥐다 ⑲ 뇌

세로열쇠 ① 끄덕이다 ② 할퀴다, 긁다 ③ 미소짓다 ⑥ 몸, 신체 ⑦ 맛보다
⑨ 심장 ⑫ 발목 ⑬ 찧다 ⑯ 피부 ⑱ (팔을) 뻗다

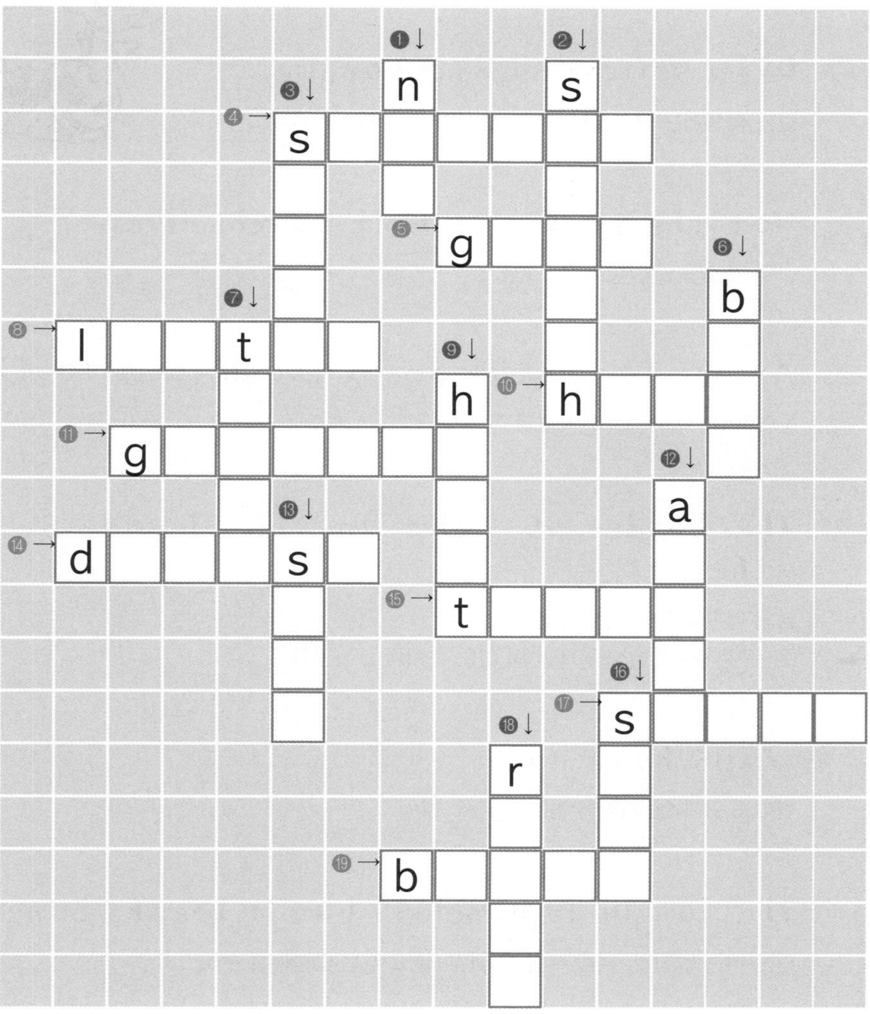

속담으로 다시 보는 영단어

Scratch my back and I'll scratch yours.

내 등을 긁어주면 나도 너의 등을 긁어주겠다.
(오는 정이 있어야 가는 정이 있다.)

Deep sorrow has no tongue.

깊은 슬픔에는 혀가 없다.(너무 슬프면 말을 할 수 없다.)

Not the slightest hint to the liver.

간에 기별도 안 간다.

An eye for an eye and a tooth for a tooth!

눈에는 눈, 이에는 이! (자신이 당한 그대로 갚아준다.)

The burden is light on the shoulders of others.

남의 어깨의 짐은 가벼워 보인다.
(같은 일이라도 남보다 내가 더 힘든 것처럼 느껴진다.)

Walls have ears.

벽에도 귀가 있다.(말을 함부로 하지 마라.)

The tongue is boneless but it breaks bones.

혀는 뼈는 없지만, 뼈를 부술 수 있다.(말로서 사람을 해칠 수도 있다.)

Part 3
반의어로 한꺼번에 배워요

20th day

① 형용사 반의어를 배워요.

형용사 반의어를 동물 이름과 함께 외워요

- 부지런한(diligent) 개미(ant)

diligent [díləd ʒənt] ㉻ 부지런한

ant [ænt] ㉹ 개미

- 게으른(lazy) 베짱이(grasshopper)

lazy [léizi] ㉻ 게으른, 나태한

grasshopper [grǽshɑ̀pər] ㉹ 메뚜기, 베짱이

diligent
(부지런한)
↕
lazy
(게으른)

- 일찍(early) 일어나는 **수탉**(rooster)

early [ə́:rli] ㉻ 이른, 빠른 ㉲ 일찍이

rooster [rú:stər] ㉹ 수탉

- 늦게(late) 활동하는 **부엉이**(owl)

late [leit] ㉻ 늦은 ㉲ 늦게

owl [aul] ㉹ 부엉이, 올빼미

early
(이른, 빠른)
↕
late
(늦은)

- 거대한(huge) 공룡(dinosaur)

huge [hjuːdʒ] ⓗ 거대한, 막대한

dinosaur [dáinəsɔ̀ːr] ⓜ 공룡

- 아주 작은(tiny) 모기(mosquito)

tiny [táini] ⓗ 아주 작은, 조그마한

mosquito [məskíːtou] ⓜ 모기

huge
(거대한)
↕
tiny
(아주 작은)

- 강한(strong) 호랑이(tiger)

strong [strɔ(ː)ŋ] ⓗ 강한

tiger [táigər] ⓜ 호랑이

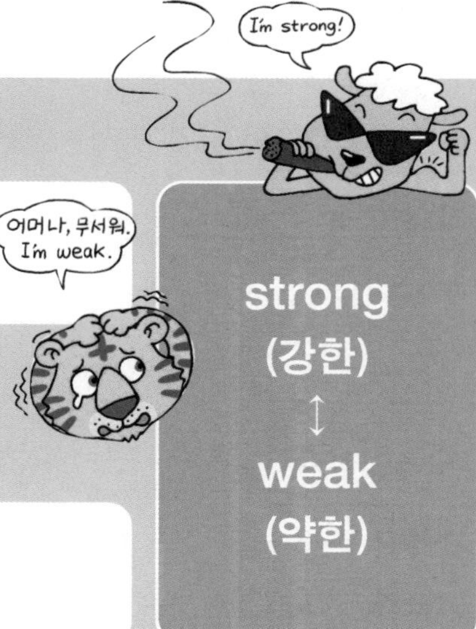

- 연약한(weak) 양(sheep)

weak [wiːk] ⓗ 약한, 무력한

sheep [ʃiːp] ⓜ 양

strong
(강한)
↕
weak
(약한)

- 뚱뚱한(fat) 돼지(pig)

fat [fæt] ⓗ 살찐, 뚱뚱한

pig [pig] ⓜ 돼지

- 깡마른(skinny) 치타(cheetah)

skinny [skíni] ⓗ 깡마른, 바싹 여윈

cheetah [tʃíːtə] ⓜ 치타

fat
(살찐)
↕
skinny
(깡마른)

라라♪
어떤 물고기가
걸릴까?

- **얕은(shallow)** 물가에 사는 **개구리(frog)**

shallow [ʃǽlou] ⓗ 얕은

frog [frɔːg] ⓜ 개구리

- **깊은(deep)** 바다에 사는 **상어(shark)**

deep [diːp] ⓗ 깊은 ⓑ 깊게

shark [ʃɑːrk] ⓜ 상어

shallow
(얕은)
↕
deep
(깊은)

흥! 웃겨.
너나 조심해!

- **높은(high)** 곳에 사는 **매(hawk)**

high [hai] ⓗ 높은 ⓑ 높게

hawk [hɔːk] ⓜ 매

- **낮은(low)** 땅을 기는 **벌레(worm)**

low [lou] ⓗ 낮은 ⓑ 낮게

worm [wəːrm] ⓜ 벌레(지렁이, 구더기 등)

high
(높은)
↕
low
(낮은)

- **날카로운(sharp) 독수리(eagle)**의 부리

sharp [ʃɑːrp] ⓗ 날카로운, 뾰족한

eagle [íːgl] ⓜ 독수리

- **무딘(dull) 오리(duck)**의 부리

dull [dʌl] ⓗ 무딘, 둔한

duck [dʌk] ⓜ 오리

sharp
(날카로운)
↕
dull
(무딘)

22nd day

깨끗한(clean) 풀밭에 사는 사슴(deer)

clean [kliːn] ⓗ 깨끗한 ⓓ 깨끗하게 하다

deer [diər] ⓜ 사슴

더러운(dirty) 것을 좋아하는 파리(fly)

dirty [də́ːrti] ⓗ 더러운 ⓓ 더럽히다

fly [flai] ⓜ 파리

clean
(깨끗한)
↕
dirty
(더러운)

바쁜(busy) 꿀벌(bee)

busy [bízi] ⓗ 바쁜, 분주한

bee [biː] ⓜ 벌, 꿀벌

한가한(free) 젖소(cow)

free [friː] ⓗ 한가한, 자유로운

cow [kau] ⓜ 암소, 젖소

busy
(바쁜)
↕
free
(한가한)

- **마른(dry)** 곳을 좋아하는 **병아리(chick)**

dry [drai] 형 마른 동 말리다

chick [tʃik] 명 병아리, 새 새끼

- **젖은(wet)** 곳을 좋아하는 **달팽이(snail)**

wet [wet] 형 젖은, 축축한 동 젖다

snail [sneil] 명 달팽이

dry
(마른)
↕
wet
(젖은)

- **좋은(good)** 이미지의 **비둘기(pigeon)**

good [gud] 형 좋은, 착한

pigeon [pídʒən] 명 비둘기

- **나쁜(bad)** 이미지의 **박쥐(bat)**

bad [bæd] 형 나쁜

bat [bæt] 명 박쥐

good
(좋은)
↕
bad
(나쁜)

- 귀여운(cute) 개(dog)

cute [kjuːt] ⓗ 귀여운, 예쁜

dog [dɔ(ː)g] ⓜ 개

- 심술궂은(mean) 늑대(wolf)

mean [miːn] ⓗ 비열한, 심술궂은

wolf [wulf] ⓜ 늑대

cute
(귀여운)
↕
mean
(심술궂은)

- 공손한(polite) 염소(goat)

polite [pəláit] ⓗ 공손한, 예절 바른

goat [gout] ⓜ 염소

- 버릇없는(rude) 고양이(cat)

rude [ruːd] ⓗ 버릇없는, 무례한

cat [kæt] ⓜ 고양이

polite
(공손한)
↕
rude
(무례한)

무거운(heavy) 하마(hippo)

heavy [hévi] ⓗ 무거운, 육중한

hippo [hípou] ⓜ (=hippopotamus) 하마

가벼운(light) 도마뱀(lizard)

light [lait] ⓗ 가벼운

lizard [lízərd] ⓜ 도마뱀

heavy
(무거운)
↕
light
(가벼운)

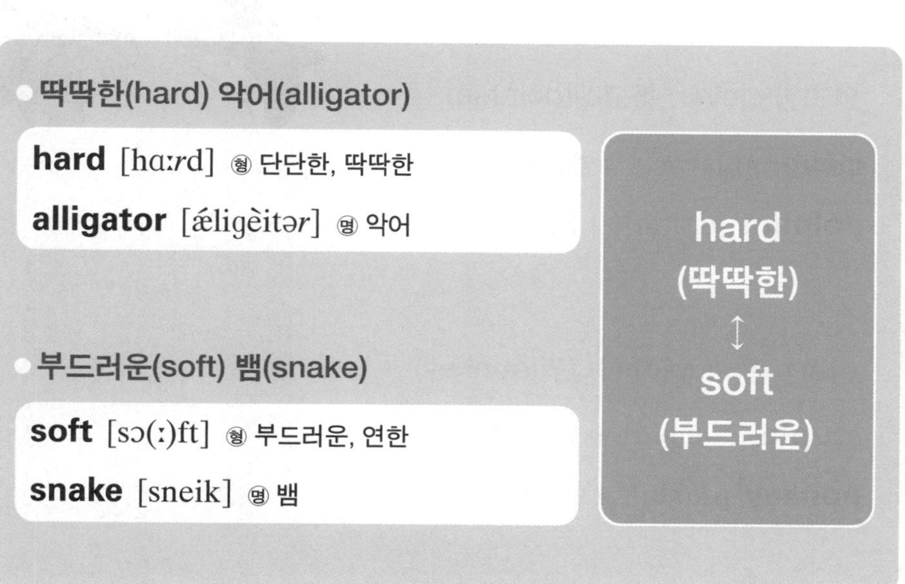

딱딱한(hard) 악어(alligator)

hard [hɑːrd] ⓗ 단단한, 딱딱한

alligator [ǽligèitər] ⓜ 악어

부드러운(soft) 뱀(snake)

soft [sɔ(ː)ft] ⓗ 부드러운, 연한

snake [sneik] ⓜ 뱀

hard
(딱딱한)
↕
soft
(부드러운)

- 커다란(big) 코끼리(elephant)

big [big] ⓗ 큰, 커다란

elephant [éləfənt] ⓜ 코끼리

- 작은(small) 생쥐(mouse)

small [smɔːl] ⓗ (크기가) 작은

mouse [maus] ⓜ 생쥐

big
(큰)
↕
small
(작은)

- 영리한(clever) 돌고래(dolphin)

clever [klévər] ⓗ 영리한, 똑똑한

dolphin [dálfin] ⓜ 돌고래

- 어리석은(stupid) 당나귀(donkey)

stupid [stjúːpid] ⓗ 어리석은

donkey [dáŋki] ⓜ 당나귀

clever
(똑똑한)
↕
stupid
(어리석은)

- **추운**(cold) 남극에 사는 **펭귄**(penguin)

cold [kould] ⓗ 추운, 찬 ⓜ 추위, 감기

penguin [péŋgwin] ⓜ 펭귄

- **뜨거운**(hot) 사막에 사는 **낙타**(camel)

hot [hɑt] ⓗ 뜨거운, 더운

camel [kǽməl] ⓜ 낙타

cold
(추운, 차가운)
↕
hot
(더운, 뜨거운)

- **따뜻한**(warm) 나라를 좋아하는 **제비**(swallow)

warm [wɔːrm] ⓗ 따뜻한, 더운

swallow [swɑ́lou] ⓜ 제비

- **서늘한**(cool) 계절을 좋아하는 **귀뚜라미**(cricket)

cool [kuːl] ⓗ 서늘한, 시원한

cricket [kríkit] ⓜ 귀뚜라미

warm
(따뜻한)
↕
cool
(시원한)

- **긴**(long) 부리를 가진 **두루미**(crane)

long [lɔːŋ] 형 긴 부 오랫동안

crane [krein] 명 두루미, 학

- **짧은**(short) 주둥이를 가진 **참새**(sparrow)

short [ʃɔːrt] 형 짧은, 키가 작은

sparrow [spǽrou] 명 참새

long
(긴)
↕
short
(짧은)

- **광대한**(wide) 바다에 사는 **고래**(whale)

wide [waid] 형 (폭이) 넓은, 광대한 부 널리

whale [hweil] 명 고래

- **좁은**(narrow) 연못에 사는 **금붕어**(goldfish)

narrow [nǽrou] 형 좁은, 협소한

goldfish [góuldfìʃ] 명 금붕어

wide
(드넓은)
↕
narrow
(좁은)

빠른(fast) 토끼(rabbit)

fast [fǽst] ⓗ 빠른 ⓑ 빨리

rabbit [rǽbit] ⓜ 토끼

느린(slow) 거북(turtle)

slow [slou] ⓗ 느린 ⓑ 늦게

turtle [tə́ːrtl] ⓜ 거북

fast
(빠른)
↕
slow
(느린)

예쁜(pretty) 앵무새(parrot)

pretty [príti] ⓗ 예쁜, 귀여운

parrot [pǽrət] ⓜ 앵무새

못생긴(ugly) 까마귀(crow)

ugly [ʌ́gli] ⓗ 못생긴, 추한

crow [krou] ⓜ 까마귀

pretty
(예쁜)
↕
ugly
(추한)

형용사 반의어를 명사와 함께 외워요.

● 달콤한(sweet) 설탕(sugar)

sweet [swiːt] ⓗ 단, 달콤한

sugar [ʃúgər] ⓜ 설탕

● 쓴(bitter) 맥주(beer)

bitter [bítər] ⓗ 쓴, 쓰라린

beer [biər] ⓜ 맥주

sweet (달콤한) ↕ bitter (쓴)

● 얇은(thin) 치즈(cheese)

thin [θin] ⓗ 얇은

cheese [tʃiːz] ⓜ 치즈

● 두꺼운(thick) 햄(ham)

thick [θik] ⓗ 두꺼운

ham [hæm] ⓜ 햄

thin (얇은) ↕ thick (두꺼운)

- **특별한**(special) 날에 먹는 **바비큐**(barbecue)

special [spéʃəl] ⓗ 특별한

barbecue [bɑ́ːrbikjùː] ⓜ 바비큐

- **일반적인**(general) 날에 먹는 **밥**(rice)

general [dʒénərəl] ⓗ 일반의, 보통의

rice [rais] ⓜ 쌀, 밥

special
(특별한)
↕
general
(일반적인)

- **비싼**(expensive) **스테이크**(steak)

expensive [ikspénsiv] ⓗ 비싼, 사치스러운

steak [steik] ⓜ 스테이크

- **값이 싼**(cheap) **햄버거**(hamburger)

cheap [tʃiːp] ⓗ 싼, 값이 싼

hamburger [hǽmbə̀ːrgər] ⓜ 햄버거

expensive
(비싼)
↕
cheap
(값싼)

- 김씨는 **일반적인(common) 성(surname),**
변씨는 **독특한(unique) 성(surname)**

common [kάmən] 형 공통의, 일반의
unique [juːníːk] 형 독특한, 유일한
surname [sə́ːrnèim] 명 성(姓)

common
(일반의, 흔한)
↕
unique
(독특한)

- **단순한(simple) 문제(problem)**와
복잡한(complex) 문제(problem)

simple [símpl] 형 간단한, 간소한
complex [kəmpléks] 형 복잡한, 복합의
problem [prάbləm] 명 문제, 의문

simple
(간단한)
↕
complex
(복잡한)

- **표면(surface)**이 **매끄러운(smooth)** 사과,
표면(surface)이 **거친(rough)** 파인애플

smooth [smuːð] 형 매끄러운
rough [rʌf] 형 거친
surface [sə́ːrfis] 명 표면, 외관

smooth
(매끄러운)
↕
rough
(거친)

- 헐렁한(loose) 청바지(jeans)와
꼭 끼는(tight) 청바지(jeans)

loose [luːs] ⓗ 헐거운

tight [tait] ⓗ 꼭 끼는

jeans [dʒiːnz] ⓜ 청바지

- 기쁜(glad) 목소리(voice)와
화난(angry) 목소리(voice)

glad [glæd] ⓗ 기쁜, 즐거운

angry [ǽŋgri] ⓗ 성난, 화가 난

voice [vɔis] ⓜ 목소리

glad
(기쁜)
↕
angry
(화난)

- 개인적인(private) 의견(opinion)과
공적인(public) 의견(opinion)

private [práivit] ⓗ 개인의, 사적인, 비밀의

public [pʌ́blik] ⓗ 공공의, 대중의 ⓜ 공중, 대중

opinion [əpínjən] ⓜ 생각, 의견

private
(개인적인)
↕
public
(공적인)

28th
day

- 어두운(dark) 거리(street)와 밝은(light) 거리(street)

dark [dɑːrk] ⓗ 어두운, 암흑의
light [lait] ⓗ 밝은, 가벼운 ⓜ 빛
street [striːt] ⓜ 거리, 가로

dark
(어두운)
↕
light
(밝은)

- 부유한(rich) 사람(people)과 가난한(poor) 사람(people)

rich [ritʃ] ⓗ 부유한, 풍부한
poor [puər] ⓗ 가난한, 불쌍한
people [píːpl] ⓜ 사람들

rich
(부유한)
↕
poor
(가난한)

- 공항(airport) 근처의(near) 호텔과 공항(airport)에서 먼(far) 호텔

near [niər] ⓗ 가까운 ⓑ 가까이
far [fɑːr] ⓗ 먼 ⓑ 멀리
airport [ɛ́ərpɔ̀ːrt] ⓜ 공항, 비행장

near
(가까이)
↕
far
(멀리)

- 고대의(ancient) 건축물(building)과
현대의(modern) 건축물(building)

ancient [éinʃənt] ⓗ 옛날의, 고대의
modern [mádərn] ⓗ 현대의, 요즘의
building [bíldiŋ] ⓜ 건축물

ancient
(고대의)
↕
modern
(현대의)

- 손님(customer)이 많은(many) 가게와
손님(customer)이 거의 없는(few) 가게

many [méni] ⓗ 많은, 다수의
few [fjuː] ⓗ 거의 없는
customer [kʌ́stəmər] ⓜ 고객, 손님

many
(많은)
↕
few
(거의 없는)

- 손위의(senior) 친척(relative)과
손아래의(junior) 친척(relative)

senior [síːnjər] ⓗ 손위의 ⓜ 연장자
junior [dʒúːnjər] ⓗ 손아래의 ⓜ 연소자
relative [rélətiv] ⓜ 친척 ⓗ 관계 있는

senior
(손위의)
↕
junior
(손아래의)

29th day

- 온화한(mild) 코치(coach)와
  엄격한(strict) 코치(coach)

mild [maild] ⓗ 온화한, 부드러운
strict [strikt] ⓗ 엄격한, 꼼꼼한
coach [koutʃ] ⓜ (운동의) 코치

mild
(온화한)
↕
strict
(엄격한)

- 같은(same) 길(way)과
  다른(different) 길(way)

same [seim] ⓗ 같은, 동일한
different [dífərənt] ⓗ 다른, 틀린
way [wei] ⓜ 길, 도로

same
(같은)
↕
different
(다른)

- 쉬운(easy) 시험(exam)과
  어려운(difficult) 시험(exam)

easy [íːzi] ⓗ 쉬운, 편안한
difficult [dífikʌ̀lt] ⓗ 어려운, 곤란한
exam [igzǽm] ⓜ 시험

easy
(쉬운)
↕
difficult
(어려운)

- **육체적인(physical) 건강(health)**과 **정신적인(mental) 건강(health)**

physical [fízikəl] 형 육체의, 신체의
mental [méntl] 형 마음의, 정신의
health [helθ] 명 건강

physical
(육체적인)
↕
mental
(정신의)

- **성(castle) 내부의(inner)** 사람들과 **성(castle) 외부의(outer)** 사람들

inner [ínə*r*] 형 안의, 내부의
outer [áutə*r*] 형 밖의, 외부의
castle [kǽsl] 명 성

inner
(내부의)
↕
outer
(외부의)

- **앞에 있는(front) 조각상(statue)**과 **뒤에 있는(back) 조각상(statue)**

front [frʌnt] 명 앞, 전방 형 정면의
back [bæk] 명 (사람의) 등, 뒷면 형 뒤의
statue [stǽtʃuː] 명 조각상

front
(앞, 전방)
↕
back
(등, 뒷면)

Check! Check!

A 영어는 우리말로, 우리말은 영어로 쓰고, 반대되는 말을 영어로 쓰세요.

❶ huge ________ ↔________
❷ high ________ ↔________
❸ dry ________ ↔________
❹ physical ________ ↔________
❺ difficult ________ ↔________
❻ loose ________ ↔________
❼ good ________ ↔________
❽ fast ________ ↔________
❾ warm ________ ↔________
❿ senior ________ ↔________
⓫ 무거운 ________ ↔________
⓬ 날카로운 ________ ↔________
⓭ 바쁜 ________ ↔________
⓮ 깊은 ________ ↔________
⓯ 가까이 ________ ↔________
⓰ 더러운 ________ ↔________
⓱ 영리한 ________ ↔________
⓲ 얇은 ________ ↔________
⓳ 비싼 ________ ↔________
⓴ 이른 ________ ↔________

B 다음 빈칸에 알맞은 단어를 쓰세요.

❶ 개인적인(________) 의견(________)과 공적인(________) 의견
❷ 어두운(________) 거리(________)와 밝은(________) 거리
❸ 고대의(________) 건축물(________)과 현대의(________) 건축물
❹ 같은(________) 길(________) 과 다른(________) 길
❺ 표면(________)이 매끄러운(________)사과와 표면이 거친(________) 파인애플
❻ 김씨는 일반적인(________) 성(________), 변씨는 독특한(________) 성
❼ 손님(________)이 많은(________) 가게와 손님이 거의 없는(________) 가게
❽ 뜨거운(________) 사막에 사는 낙타(________)
❾ 짧은(________) 주둥이를 가진 참새(________)
❿ 온화한(________) 코치(________)와 엄격한(________) 코치
⓫ 기쁜(________) 목소리(________)와 화난(________) 목소리
⓬ 성(________) 내부의(________) 사람들과 성 외부의(________) 사람들
⓭ 앞에 있는(________) 조각상(________)과 뒤에 있는(________) 조각상
⓮ 부지런한(________) 개미(________), 게으른(________) 베짱이(________)
⓯ 딱딱한(________) 악어(________), 부드러운(________) 뱀(________)

C 가로 열쇠와 세로 열쇠를 보고 단어 퍼즐을 풀어보세요.

가로열쇠 ③ 공항 ⑤ 이른 ⑧ 부지런한 ⑩ 수탉 ⑫ 매 ⑭ 심술궂은 ⑯ 코끼리 ⑰ 목소리

세로열쇠 ① 부유한 ② 호랑이 ④ 강한 ⑥ 상어 ⑦ 늦은 ⑨ 양 ⑪ 따뜻한 ⑬ 뱀 ⑮ 당나귀

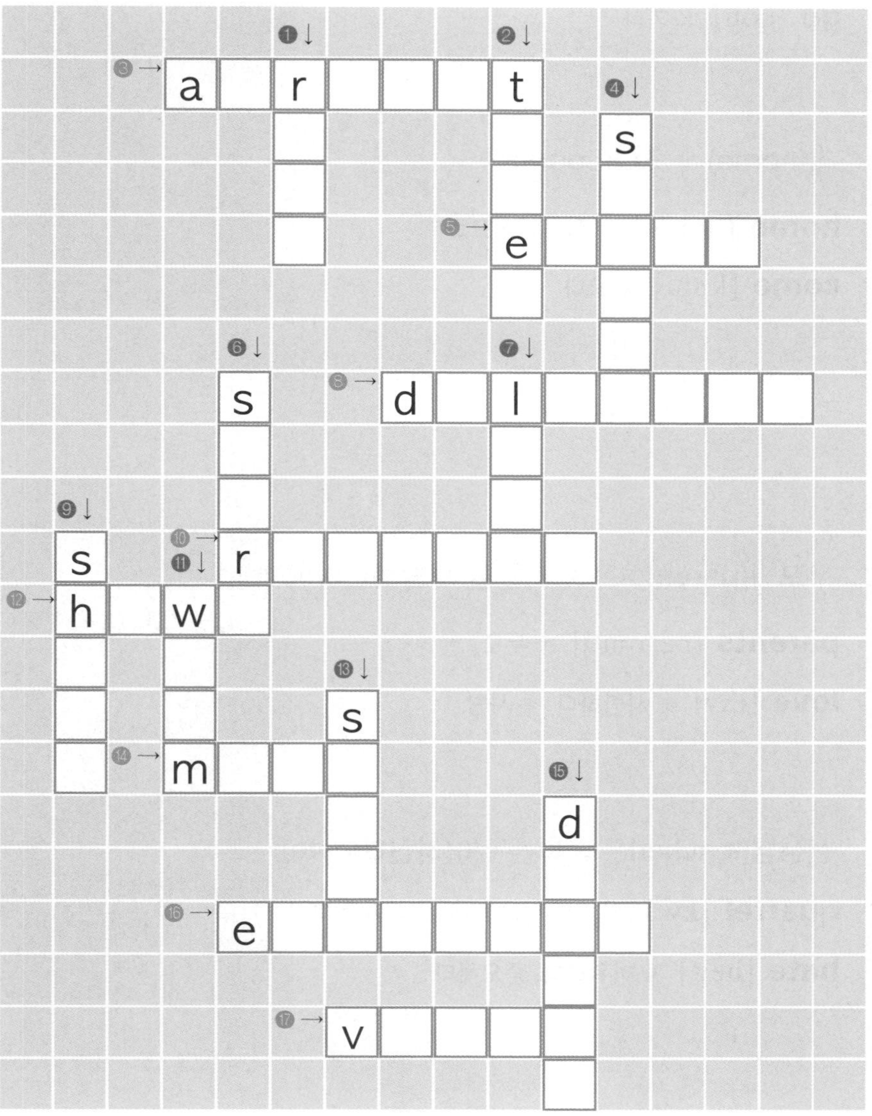

30th day

② 동사 반의어를 명사와 함께 외워요.

- 학교(school)에 **가다(go)**.

school [skuːl] ㊔ 학교

go [gou] ㊕ 가다

- 집(home)에 **오다(come)**.

home [houm] ㊔ 집 ㊖ 집으로

come [kʌm] ㊕ 오다

go
(가다)
↕
come
(오다)

- 부모님(parents)은 우리들을 **사랑하신다(love)**.

parents [pέərəntʃ] ㊔ 부모

love [lʌv] ㊕ 사랑하다 ㊔ 사랑

- 선생님(teacher)은 다툼을 **싫어하신다(hate)**.

quarrel [kwɔ́ːrəl] ㊔ 싸움, 다툼 ㊕ 싸우다

hate [heit] ㊕ 미워하다, 증오하다

love
(사랑하다)
↕
hate
(싫어하다)

● 자리(seat)에 앉다(sit).

seat [siːt] 명 자리, 좌석 동 앉히다

sit [sit] 동 앉다

● 벤치(bench)에서 일어서다(stand).

bench [bentʃ] 명 벤치, 긴 의자

stand [stænd] 동 서다 명 일어섬

sit
(앉다)
↕
stand
(일어서다)

● 호텔(hotel)에서 출발하다(start).

hotel [houtél] 명 호텔

start [stɑːrt] 동 출발하다, 떠나다

● 극장(theater)에 도착하다(arrive).

theater [θí(ː)ətər] 명 극장

arrive [əráiv] 동 도착하다

start
(출발하다)
↕
arrive
(도착하다)

- **미술관(gallery)**의 문은 언제 **여나요(open)?**

gallery [gǽləri] ㊔ 미술관, 화랑

open [óupən] ㊖ 열다 ㊙ 열린

- **박물관(museum)**의 문은 언제 **닫나요(shut)?**

museum [mjuːzíːəm] ㊔ 박물관, 미술관

shut [ʃʌt] ㊖ 닫다 ㊙ 닫은

open
(열다)
↕
shut
(닫다)

Repair? or Break?

- **기계(machine)**를 **수리하다(repair).**

machine [məʃíːn] ㊔ 기계

repair [ripέər] ㊖ 수리하다, 수선하다
㊔ 수리, 수선

- **장비(equipment)**를 **고장 내다(break).**

equipment [ikwípmənt] ㊔ 장비, 설비

break [breik] ㊖ 깨트리다, 고장 내다

repair
(수리하다)
↕
break
(고장 내다)

- **장군**(general)이 **명령하다**(command).

general [dʒénərəl] 명 장군

command [kəmǽnd] 동 명령하다
명 명령

- **군인**(soldier)들은 명령에 **복종하다**(obey).

soldier [sóuldʒər] 명 군인, 병사

obey [oubéi] 동 복종하다

command
(명령하다)
↕
obey
(복종하다)

- **약속**(promise)을 **잊다**(forget).

promise [prámis] 명 약속 동 약속하다

forget [fərgét] 동 잊다, 망각하다

- **맹세**(oath)를 **기억하다**(remember).

oath [ouθ] 명 맹세, 선서

remember [rimémbər] 동 기억하다

forget
(잊다)
↕
remember
(기억하다)

● 돈(money)을 빌려주다(lend).

money [mʌ́ni] ㊔ 돈

lend [lend] ㊑ 빌려주다, 제공하다

● 현금(cash)을 빌리다(borrow).

cash [kæʃ] ㊔ 현금, 돈 ㊑ 현금으로 바꾸다

borrow [bɔ́(:)rou] ㊑ 빌리다, 차용하다

lend
(빌려주다)
↕
borrow
(빌리다)

● 10달러(dollar)를 예금하다(deposit).

dollar [dɑ́lər] ㊔ 달러, 화폐단위

deposit [dipɑ́zit] ㊑ 예금하다, 맡기다
㊔ 맡기기, 예금

● 동전(coin)을 쓰다(spend).

coin [kɔin] ㊔ 동전

spend [spend] ㊑ (돈, 시간을) 쓰다, 소비하다

deposit
(예금하다)
↕
spend
(소비하다)

- 투쟁(struggle)에 **성공하다(succeed).**

struggle [strʌ́gl] ⓜ 투쟁, 분투 ⓢ 투쟁하다

succeed [səksíːd] ⓢ 성공하다

- 혁명(revolution)에 **실패하다(fail).**

revolution [rèvəlúːʃən] ⓜ 혁명

fail [feil] ⓢ 실패하다 ⓜ 실패

succeed
(성공하다)
↕
fail
(실패하다)

- 심한 농담(joke)을 **용서하다(pardon).**

joke [dʒouk] ⓜ 농담, 장난 ⓢ 농담하다

pardon [pɑ́ːrdn] ⓢ 용서하다 ⓜ 용서

- 잘못(fault)을 **벌하다(punish).**

fault [fɔːlt] ⓜ 잘못, 결점

punish [pʌ́niʃ] ⓢ 벌하다

- **음료수**(soda) 마시는 것을 **허락하다**(allow).

soda [sóudə] 명 소다수, 탄산음료

allow [əláu] 동 허락하다

- **포도주**(wine) 마시는 것을 **금지하다**(forbid).

wine [wain] 명 포도주, 와인

forbid [fərbíd] 동 금지하다

allow
(허락하다)
↕
forbid
(금지하다)

- **테니스**(tennis)를 **계속하다**(continue).

tennis [ténis] 명 테니스

continue [kəntínjuː] 동 계속하다

- **배드민턴**(badminton)을 **멈추다**(stop).

badminton [bǽdmintən] 명 배드민턴

stop [stɑp] 동 멈추다, 중지하다

continue
(계속하다)
↕
stop
(멈추다)

- 병(bottle)에 물을 가득 **채우다(fill).**

bottle [bɑ́tl] ⓜ 병 ⓓ 병에 넣다

fill [fil] ⓓ 채우다, 가득 차다

- 깡통(can)을 **비우다(empty).**

can [kæn] ⓜ 깡통, 캔

empty [émpti] ⓓ 비우다 ⓗ 빈, 공허한

fill
(채우다)
↕
empty
(비우다)

- 검사(test)를 **시작하다(begin).**

test [test] ⓜ 테스트, 검사 ⓓ 시험하다

begin [bigín] ⓓ 시작하다

- 실험(experiment)을 **끝내다(finish).**

experiment [ikspérəmənt]
ⓜ 실험 ⓓ 실험하다

finish [fíniʃ] ⓓ 끝내다, 마치다

begin
(시작하다)
↕
finish
(끝내다)

- 조상(ancestor)을 **공경하다(honor).**

ancestor [ǽnsestər] 명 조상

honor [ánər] 동 공경하다 명 명예, 공경

- 아이(child)를 **무시하다(ignore).**

child [tʃaild] 명 아이, 어린이

ignore [ignɔ́ːr] 동 무시하다

honor
(공경하다)
↕
ignore
(무시하다)

- **재산(fortune)**이 불어난 것을 **축하하다(celebrate).**

fortune [fɔ́ːrtʃən] 명 재산, 부, 행운

celebrate [séləbrèit] 동 축하하다

- **손해(damage)**를 끼친 것을 **비난하다(blame).**

damage [dǽmidʒ] 명 손해, 피해
동 손해를 입히다

blame [bleim] 동 비난하다 명 비난

celebrate
(축하하다)
↕
blame
(비난하다)

- 숲(forest)에 가기로 **결정하다**(decide).

forest [fɔ́(ː)rist] 명 숲

decide [disáid] 동 결정하다, 결심하다

- 정글(jungle)에 가기를 **주저하다**(hesitate).

jungle [dʒʌ́ŋgl] 명 정글, 밀림

hesitate [hézətèit] 동 주저하다, 망설이다

decide
(결정하다)
↕
hesitate
(주저하다)

- 뉴스(news)를 **믿다**(believe).

news [njuːz] 명 뉴스, 소식

believe [bilíːv] 동 믿다

- 잡지(magazine)를 **의심하다**(doubt).

magazine [mæ̀gəzíːn] 명 잡지

doubt [daut] 동 의심하다

believe
(믿다)
↕
doubt
(의심하다)

- 그 **소문(rumor)**에 대해 **묻다(ask).**

rumor [rʌ́mər] 명 소문, 풍문

ask [æsk] 동 묻다, 질문하다

- 그녀의 **편지(letter)**에 **답하다(reply).**

letter [létər] 명 편지, 서한

reply [ripláі] 동 대답하다, 응답하다
명 대답, 응답

ask
(묻다)
↕
reply
(대답하다)

- **관객(audience)**을 **만족시키다(satisfy).**

audience [ɔ́ːdiəns] 명 청중, 관객

satisfy [sǽtisfàі] 동 만족시키다

- **서비스(service)**에 **실망하다(disappoint).**

service [sə́ːrvis] 명 서비스 (업무)

disappoint [dìsəpɔ́int] 동 실망하다

satisfy
(만족하다)
↕
disappoint
(실망하다)

- 어려운 **문제(problem)**에 대해 **질문하다(question)**.

problem [prάbləm] ⓜ 문제, 의제

question [kwéstʃən] ⓜ 질문 ⓓ 질문하다

- 그의 **요청(request)**에 **대답하다(answer)**.

request [rikwést] ⓜ 요구, 요청 ⓓ 요청하다

answer [ǽnsər] ⓓ 대답하다 ⓜ 대답

question
(질문하다)
↕
answer
(대답하다)

Check! Check!

A 우리말 뜻을 쓰고, 이어서 반대되는 단어와 그 뜻을 함께 쓰세요.

❶ go : ________ ↔ ________ : ________

❷ start : ________ ↔ ________ : ________

❸ forget : ________ ↔ ________ : ________

❹ obey : ________ ↔ ________ : ________

❺ lend : ________ ↔ ________ : ________

❻ stop : ________ ↔ ________ : ________

❼ empty : ________ ↔ ________ : ________

❽ doubt : ________ ↔ ________ : ________

❾ satisfy : ________ ↔ ________ : ________

❿ sit : ________ ↔ ________ : ________

B 다음 빈칸에 알맞은 단어를 쓰세요.

❶ 부모님(________)은 우리들을 사랑하신다(________).
선생님(________)은 다툼을 싫어하신다(________).

❷ 기계(________)를 수리하다(________).
장비(________)를 고장 내다(________).

❸ 어려운 문제(________)에 대해 질문하다(________).
그의 요청(________)에 대답하다(________).

❹ 조상(________)을 공경하다(________).
아이(________)를 무시하다(________).

❺ 음료수(________) 마시는 것을 허락하다(________).
포도주(________) 마시는 것을 금지하다(________).

❻ 10달러(________)를 예금하다(________).
동전(________)을 쓰다(________).

❼ 심한 농담(________)을 용서하다(________).
잘못(________)을 벌하다(________).

❽ 검사(________)를 시작하다(________).
실험(________)을 끝내다(________).

C 가로 열쇠와 세로 열쇠를 보고 단어 퍼즐을 풀어보세요.

가로열쇠 ② 학교 ④ 극장 ⑥ 잡지 ⑨ 서비스 ⑩ 박물관 ⑫ 대답하다 ⑬ 열다 ⑭ 닫다 ⑮ 벤치, 긴 의자

세로열쇠 ① 호텔 ③ 수리하다 ⑤ 청중 ⑦ 장비 ⑧ 소문 ⑪ 편지

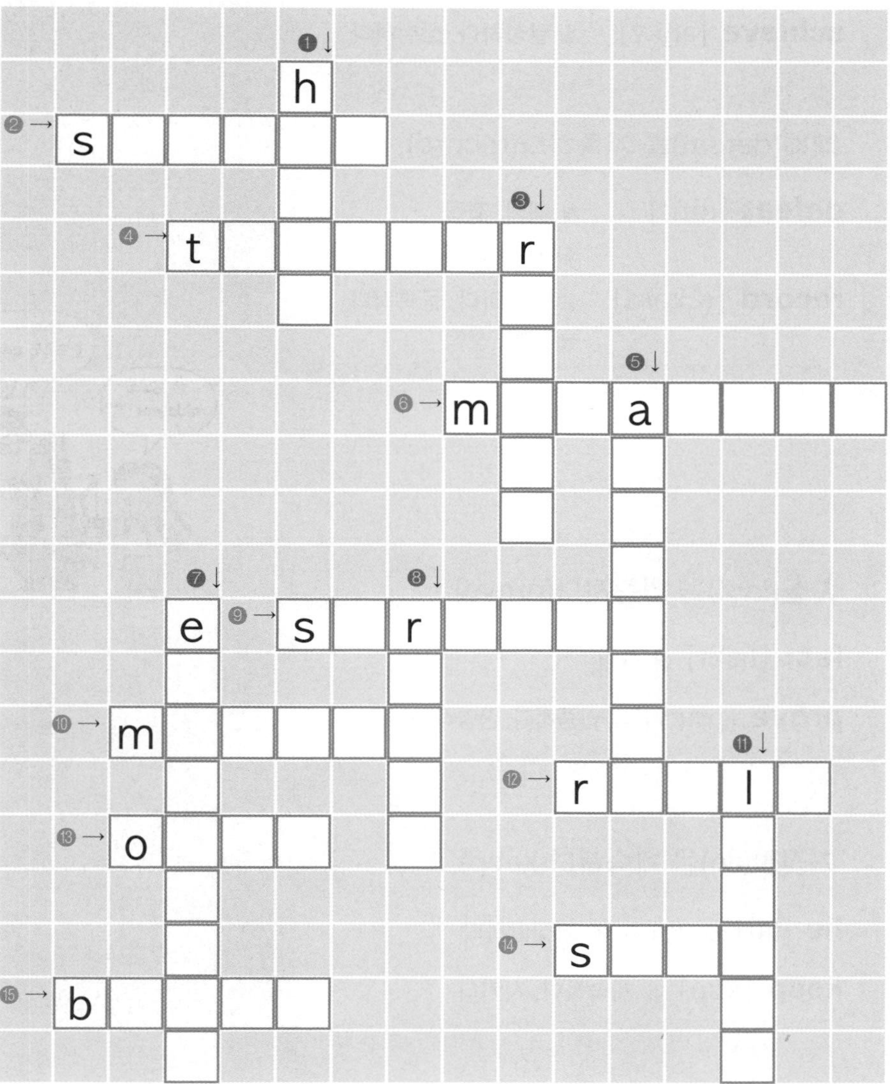

③ 명사 반의어를 동사와 함께 외워요.

- 승리(victory)를 **달성하다**(achieve).

victory [víktəri] ⓜ 승리

achieve [ətʃíːv] ⓓ 달성하다, 성취하다

- 패배(defeat)를 **기록하다**(record).

defeat [difíːt] ⓜ 패배, 좌절
ⓓ 패배시키다

record [rékərd] ⓓ 기록하다, 등록하다
ⓜ 기록, 성적

victory
(승리)
↕
defeat
(패배)

- 사실(fact)을 **입증하다**(prove).

fact [fækt] ⓜ 사실

prove [pruːv] ⓓ 입증하다, 증명하다

- 거짓말(lie)을 **계속하다**(keep).

lie [lai] ⓜ 거짓말 ⓓ 거짓말하다

keep [kiːp] ⓓ 계속하다, 지키다

fact
(사실)
↕
lie
(거짓말)

슬픔(sorrow)으로 흐느껴 울다(sob).

sorrow [sάrou] ㊔ 슬픔

sob [sɑb] ㊍ 흐느껴 울다, 흐느끼다

기쁨(joy)을 느끼며 감사하다(thank).

joy [dʒɔi] ㊔ 기쁨, 환희

thank [θæŋk] ㊍ 감사하다

sorrow
(슬픔)
↕
joy
(기쁨)

중앙(middle)에 위치를 정하다(locate).

middle [mídl] ㊔ 중앙, 한 가운데
㊓ 중앙의, 한가운데의

locate [loukéit] ㊍ 위치를 정하다

가장자리(edge)로 던지다(throw).

edge [edʒ] ㊔ 가장자리, 테두리

throw [θrou] ㊍ 던지다

middle
(중앙)
↕
edge
(가장자리)

37th day

- **미래(future)**를 **기대하다(expect)**.

future [fjúːtʃər] ㊐ 미래, 장래
㊑ 미래의
expect [ikspékt] ㊒ 기대하다, 예상하다

- **과거(past)**의 실수를 **깨닫다(realize)**.

past [pæst] ㊐ 과거 ㊑ 지나간, 과거의
realize [ríːəlàiz] ㊒ 깨닫다, 실감하다

future
(미래)
↕
past
(과거)

- **이방인(stranger)**의 방문을 **거절하다(refuse)**.

stranger [stréindʒər] ㊐ 타국인, 낯선 사람
refuse [rifjúːz] ㊒ 거절하다, 거부하다

- **원주민(native)**이 이방인을 **수색하다(search)**.

native [néitiv] ㊐ 원주민 ㊑ 원주민의
search [səːrtʃ] ㊒ 찾다, 수색하다 ㊐ 수색

stranger
(이방인)
↕
native
(원주민)

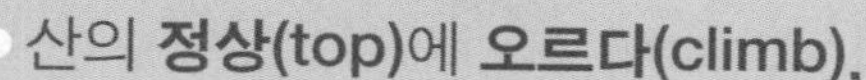

- 산의 **정상(top)**에 **오르다(climb).**

top [tɑp] ⓜ 꼭대기, 정상 ⓗ 꼭대기의

climb [klaim] ⓓ 오르다, 등반하다

- **밑바닥(bottom)**부터 **측량하다(measure).**

bottom [bátəm] ⓜ 밑바닥 ⓗ 밑바닥의

measure [méʒər] ⓓ 재다, 측량하다
ⓜ 치수, 측정

top
(꼭대기)
↕
bottom
(바닥)

- **품질(quality)**을 **비교하다(compare).**

quality [kwáləti] ⓜ 질, 품질

compare [kəmpέər] ⓓ 비교하다

- **양(quantity)**을 똑같이 **나누다(divide).**

quantity [kwántəti] ⓜ 양, 분량

divide [diváid] ⓓ 나누다, 분할하다

quality
(질)
↕
quantity
(양)

38th day

- 시작(beginning)은 **흥미를 끌다**(attract).

beginning [bigíniŋ] 명 시작, 처음
attract [ətrǽkt] 동 (주의 · 흥미 등을) 끌다, 매혹하다

- 끝(end)은 **지루하게 하다**(bore).

end [end] 명 끝, 마지막 동 끝나다
bore [bɔːr] 동 지루하게 하다

beginning
(처음)
↕
end
(끝)

cause

내 도시락에 손대지 말랬지!

Sue's Lunch

result

- 원인(cause)을 **제공하다**(offer).

cause [kɔːz] 명 원인 동 ~의 원인이 되다
offer [ɔ́(ː)fər] 동 제공하다 명 제공, 신청

- 결과(result)를 **가정하다**(suppose).

result [rizʌ́lt] 명 결과, 결말
suppose [səpóuz] 동 가정하다

cause
(원인)
↕
result
(결과)

- **전쟁(war)**이 모든 것을 **파괴하다(destroy).**

war [wɔːr] ㊔ 전쟁, 싸움

destroy [distrɔ́i] ㊍ 파괴하다

- **평화(peace)**가 번영을 **가져다주다(bring).**

peace [piːs] ㊔ 평화

bring [briŋ] ㊍ ~을 가져오다

war
(전쟁)
↕
peace
(평화)

- 국민 **전체(whole)**가 대통령을 **지지하다(support).**

whole [houl] ㊔ 전체, 전부 ㊗ 전체의

support [səpɔ́ːrt] ㊍ 지지하다, 응원하다
㊔ 지지, 응원

- **일부(part)**는 **반대하다(object).**

part [pɑːrt] ㊔ 일부, 부분

object [əbdʒékt] ㊍ 반대하다

whole
(전체)
↕
part
(일부)

- 연료가 **풍부(plenty)**하므로, 연료를 **공유하자(share)**.

plenty [plénti] ㉮ 많음, 풍부 ㉱ 많은, 충분한

share [ʃεər] ㉯ 공유하다, 분배하다

- 연료의 **부족(lack)**으로 비상 **착륙하다(land)**.

lack [læk] ㉮ 부족, 결핍

land [lænd] ㉯ 착륙하다

plenty
(풍부)
↕
lack
(부족)

- **처음(first)**에는 **협력하다(cooperate)**.

first [fəːrst] ㉮ 첫(번)째, 처음
㉱ 첫(번)째의 ㉶ 첫째로

cooperate [kouάpərèit] ㉯ 협력하다

- **마지막(last)**에는 **망쳐놓다(spoil)**.

last [læst] ㉮ 마지막, 최후 ㉱ 마지막의

spoil [spɔil] ㉯ 망쳐놓다, 빼앗다

first
(처음)
↕
last
(마지막)

- 둘이 함께 행복한 **삶(life)**을 **살다(live)**.

life [laif] ⓜ 삶, 생명, 인생

live [liv] ⓢ 살다, 거주하다

- **죽음**(death)으로 **분리되다**(separate).

death [deθ] ⓜ 죽음, 사망

separate [sépərèit] ⓢ 가르다, 분리하다

life
(삶)
↕
death
(죽음)

④ 접두어와 접미어를 붙여서 반의어가 되어요!

접두어 un-이 붙어서 반의어가 되어요.

able [éibl] ⓗ ~할 수 있는

unable [ʌ̀néibl] ⓗ ~할 수 없는

able(~할 수 있는) ↔ unable(~할 수 없는)

fair [fɛər] ⓗ 공평한, 공정한

unfair [ʌ̀nfέər] ⓗ 불공평한

fair(공정한) ↔ unfair(불공정한)

happy [hǽpi] ⓗ 행복한, 기쁜

unhappy [ʌ̀nhǽpi] ⓗ 불행한

happy(행복한) ↔ unhappy(불행한)

healthy [hélθi] ⓗ 건강한, 건전한

unhealthy [ʌ̀nhélθi] ⓗ 건강하지 못한, 병약한

healthy(건강한) ↔ unhealthy(건강하지 못한)

usual [júːʒuəl] ⓗ 보통의, 평범한

unusual [ʌ̀njúːʒuəl] ⓗ 보통이 아닌, 이상한

usual(평범한) ↔ unusual(이상한)

fit [fit] ⓗ 알맞은, 적당한

unfit [ʌ̀nfít] ⓗ 부적당한, 어울리지 않는

fit(적당한) ↔ unfit(부적당한)

kind [kaind] ⓗ 친절한 ⓜ 종류

unkind [ʌ̀nkáind] ⓗ 불친절한

kind(친절한) ↔ unkind(불친절한)

fortunately [fɔ́ːrtʃənətli] ⓑ 운 좋게도, 다행히

unfortunately [ʌ̀nfɔ́ːrtʃənitli] ⓑ 운 나쁘게, 불행하게도

fortunately ↔ unfortunately
(운 좋게도) (불행하게도)

접두어 dis-가 붙어서 반의어가 되어요.

appear [əpíər] ⓢ 나타나다

disappear [dìsəpíər] ⓢ 사라지다

appear ↔ disappear
(나타나다) (사라지다)

like [laik] ⓢ 좋아하다

dislike [disláik] ⓢ 싫어하다

like(좋아하다) ↔ dislike(싫어하다)

agree [əgríː] ⓢ 동의하다, 의견이 맞다

disagree [dìsəgríː] ⓢ 동의하지 않다, 의견이 다르다

agree ↔ disagree
(동의하다) (동의하지 않다)

count [kaunt] ⓢ 세다, 계산하다 ⓜ 계산

discount [dískaunt] ⓢ 감하다, 할인하다 ⓜ 할인

count(계산하다) ↔ discount(감하다)

cover [kʌ́vər] ⓢ 덮다, 감추다

discover [diskʌ́vər] ⓢ 발견하다

cover(감추다) ↔ discover(발견하다)

honest [ɑ́nist] ⓗ 정직한, 믿음직한

dishonest [disɑ́nist] ⓗ 부정직한, 불성실한

honest(정직한) ↔ dishonest(부정직한)

접두어 im-이 붙어서 반의어가 되어요.

possible [pásəbl] ⓗ 가능한, 할 수 있는

impossible [impásəbl] ⓗ 불가능한, 믿기 어려운

possible ↔ impossible
(가능한) (불가능한)

patient [péiʃənt] ⓗ 참을성이 있는

impatient [impéiʃənt] ⓗ 참지 못하는, 조바심하는

patient ↔ impatient
(참을성이 있는) (참지 못하는)

polite [pəláit] ⓗ 공손한, 예의바른

impolite [ìmpəláit] ⓗ 버릇없는, 무례한

polite(공손한) ↔ impolite(무례한)

접두어 -ful과 -less가 붙어서 반의어가 되어요.

- **use** [juːs] ⓢ 사용하다, 쓰다 ⓝ 사용

use + ful = useful [júːsfəl] ⓐ 쓸모 있는, 유익한

use + less = useless [júːslis] ⓐ 쓸모없는, 무익한

useful(쓸모 있는) ↔ useless(쓸모 없는)

- **care** [kεər] ⓝ 돌봄, 걱정 ⓢ 돌보다, 걱정하다

care + ful = careful [kέərfəl] ⓐ 주의 깊은

care + less = careless [kέərlis] ⓐ 부주의한

careful(주의 깊은) ↔ careless(부주의한)

- **fear** [fiər] ⓝ 두려움, 공포 ⓢ 두려워하다

fear + ful = fearful [fíərfəl] ⓐ 무서운

fear + less = fearless [fíərlis] ⓐ 두려움을 모르는

fearful(무서운) ↔ fearless(담대한)

접두어 up(위로)와 down(아래로)가 붙어서 반의어가 되어요.

- **stairs** [stεərz] ⓜ 계단

up + stairs = upstairs [ʌ́pstέərz] ⓟ 위층에 ⓜ 위층 ⓗ 위층의
down + stairs = downstairs [dáunstὲərz]
ⓟ 아래층에 ⓜ 아래층 ⓗ 아래층의

upstairs(위층) ↔ downstairs(아래층)

- **side** [said] ⓜ (물건의) 측, 쪽, 부분 ⓗ 측면의, 한쪽의

up + side = upside [ʌ́psàid] ⓜ 윗부분, 위쪽
down + side = downside [dáunsàid] ⓜ 아래쪽, 밑면

upside(윗쪽) ↔ downside(아래쪽)

- **stream** [stri:m] ⓜ 시내, 흐름

up + stream = upstream [ʌ́pstrí:m] ⓟ 상류로
down+stream = downstream [dáunstrí:m]
ⓟ 하류로, 강 아래로

upstream ↔ downstream
(상류로) (하류로)

44th day

in(안에)과 out(밖에)가 붙어 반의어가 되어요.

● **door** [dɔːr] ⓜ 문, 방문, 입구

in + door = indoor [índɔ̀ːr] ⓗ 실내의, 옥내의

out + door = outdoor [áutdɔ̀ːr] ⓗ 집 밖의, 야외의

indoor(실내의) ↔ outdoor(야외의)

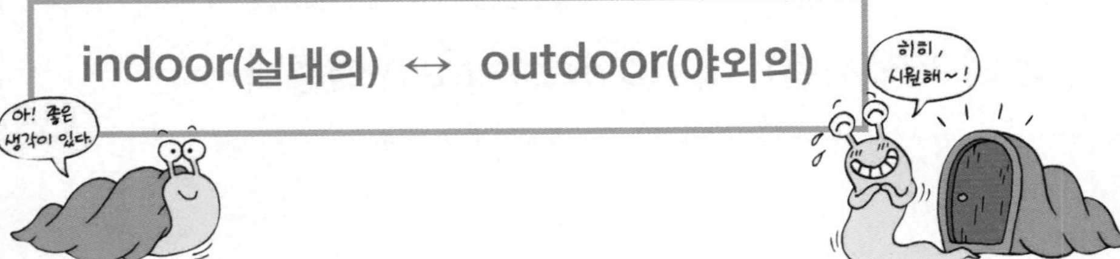

● **side** [said] ⓜ 측, 쪽, 부분 ⓗ 측면의, 한쪽의

in + side = inside [insáid] ⓜ 안쪽 ⓑ 안에 ⓗ 안쪽의

out + side = outside [àutsáid] ⓜ 바깥쪽 ⓑ 밖에 ⓗ 바깥의

inside(안쪽) ↔ outside(바깥쪽)

● **sider** [saidər] 〈연결형〉(특정 지역에) 자리잡은, 사는

in + sider = insider [insáidər] ⓜ 내부 사람, 회원

out + sider = outsider [àutsáidər] ⓜ 외부인, 문외한

insider(내부인) ↔ outsider(외부인)

import [impɔ́ːrt] ⓜ 수입 ⓢ 수입하다
export [ikspɔ́ːrt] ⓜ 수출 ⓢ 수출하다

import(수입하다) ↔ export(수출하다)

include [inklúːd] ⓢ 포함하다

exclude [iksklúːd] ⓢ 제외하다, 배제하다

include(포함하다) ↔ exclude(제외하다)

increase [inkríːs] ⓜ 증가 ⓢ 증가하다

decrease [díːkriːs] ⓜ 감소 ⓢ 감소하다

increase ↔ decrease (증가하다) (감소하다)

Check! Check!

A 우리말 뜻에 알맞은 단어를 쓰고, 이어서 반대되는 단어와 그 뜻을 쓰세요.

❶ 미래 : ______________ ↔ ______________ : ______________

❷ 정상 : ______________ ↔ ______________ : ______________

❸ 승리 : ______________ ↔ ______________ : ______________

❹ 슬픔 : ______________ ↔ ______________ : ______________

❺ 삶 : ______________ ↔ ______________ : ______________

❻ 처음 : ______________ ↔ ______________ : ______________

❼ 공정한 : ______________ ↔ ______________ : ______________

❽ 좋아하다 : ______________ ↔ ______________ : ______________

❾ 증가 : ______________ ↔ ______________ : ______________

❿ 나타나다 : ______________ ↔ ______________ : ______________

B 다음 빈칸에 알맞은 단어를 쓰세요.

❶ 사실(______________)을 입증하다(______________).
거짓말(______________)을 계속하다(______________).

❷ 중앙(______________)에 위치를 정하다(______________).
가장자리(______________)로 던지다(______________).

❸ 이방인(______________)의 방문을 거절하다(______________).
원주민(______________)이 이방인을 수색하다(______________).

❹ 품질(______________)을 비교하다(______________).
양(______________)을 똑같이 나누다(______________).

❺ 원인(______________)을 제공하다(______________).
결과(______________)를 가정하다(______________).

❻ 국민 전체(______________)가 대통령을 지지하다(______________).
일부(______________)는 반대하다(______________).

❼ 처음(______________)에는 협력하다(______________).
마지막(______________)에는 망쳐놓다(______________).

❽ 전쟁(______________)이 모든 것을 파괴하다(______________).
평화(______________)가 번영을 가져다주다(______________).

C 먼저 주어진 단어의 우리말 뜻을 쓰세요. 이어서 알맞은 접두어를 붙여 반의어를 만들고, 그 뜻도 쓰세요.

❶ able : ____________ ↔ ____________ : ____________

❷ fit : ____________ ↔ ____________ : ____________

❸ agree : ____________ ↔ ____________ : ____________

❹ possible : ____________ ↔ ____________ : ____________

❺ honest : ____________ ↔ ____________ : ____________

❻ kind : ____________ ↔ ____________ : ____________

❼ usual : ____________ ↔ ____________ : ____________

❽ cover : ____________ ↔ ____________ : ____________

❾ patient : ____________ ↔ ____________ : ____________

❿ happy : ____________ ↔ ____________ : ____________

D 빈칸에 알맞은 접두어와 접미어를 넣어서 반의어를 만들고, 그 뜻을 쓰세요.

❶ useful : ____________ ↔ use ________ : ____________

❷ upstairs : ____________ ↔ ________ stairs : ____________

❸ import : ____________ ↔ ________ port : ____________

❹ upside : ____________ ↔ ________ side : ____________

❺ fearful : ____________ ↔ fear ________ : ____________

❻ upstream : ____________ ↔ ________ stream : ____________

❼ careful : ____________ ↔ care ________ : ____________

❽ include : ____________ ↔ ________ clude : ____________

❾ insider : ____________ ↔ ________ sider : ____________

❿ indoor : ____________ ↔ ________ door : ____________

속담으로 다시 보는 영단어

- There is love downward but no love upward.

  내리 사랑은 있어도 치사랑은 없다.

- Cold hand, warm heart.

  차가운 손, 뜨거운 가슴!

  (행동할 때는 냉정하게, 가슴은 따뜻하게 가져라!)

- A good beginning makes a good ending.

  시작이 좋으면, 끝도 좋다.

- A clean glove often hides a dirty hand.

  깨끗한 장갑은 더러운 손을 감춘다.

- Give the disease and offer the remedy.

  병주고 약주다.

- As the life is, so is the end.

  삶이 존재하는 것과 같이, 그 끝도 항상 존재한다.

- A hot potato is hard to cool.

  뜨거운 감자를 식히는 것은 어렵다.

Part 4

세 단어를 한 번에 꽉 잡아요!

45th day

① 두 단어와 함께 보너스(~하는 사람)도 배워요.

□ 도서관(library)에서 책을 읽다(read).

read [riːd] 동 (책을)읽다
library [láibrèri] 명 도서관

-er이 붙어요.

reader [ríːdər]
명 독자, 독서가

□ 자동차(automobile)의 엔진(engine)을 고치다.

engine [éndʒən] 명 엔진, 기관
automobile [ɔ́ːtəməbìːl] 명 자동차

engineer [éndʒəníər]
명 기사, 기술자

□ 자신의 생각(thought)을 말하다(speak).

speak [spiːk] 동 말하다, 이야기하다
thought [θɔːt] 명 생각, 생각하기

speaker [spíːkər]
명 연설자, 강연자

□ 내용(content)을 보고하다(report).

report [ripɔ́:rt] 명 보고(서) 동 보고하다
content [kəntént] 명 내용, 목차

reporter [ripɔ́:rtər]
명 기자, 리포터

□ 기타(guitar)를 치며 노래하다(sing).

sing [siŋ] 동 노래하다
guitar [gitɑ́:r] 명 기타

singer [síŋər]
명 가수, 성악가

□ 공동체(community)를 이끌다(lead).

lead [li:d] 동 이끌다, 인도하다
community [kəmjú:nəti] 명 공동체, 지역사회

leader [lí:dər]
명 지도자, 리더

□ 기차(train)를 타고 여행하다(travel).

travel [trǽvəl] 명 (장거리 · 외국) 여행 동 여행하다
train [trein] 명 기차

traveler [trǽvlər]
명 여행자

□ 이론(theory)을 **가르치다**(teach).

teach [tiːtʃ] ⓢ 가르치다, 훈련하다
theory [θíəri] ⓜ 이론, 원리

teacher [tíːtʃər]
ⓜ 교사, 선생님

□ 정치인(politician)을 **죽이다**(kill).

kill [kil] ⓢ 죽이다, 살해하다
politician [pɑ̀litíʃən] ⓜ 정치인

killer [kílər]
ⓜ 살인자

□ 논(field)을 **경작하다**(farm).

farm [fɑːrm] ⓢ 경작하다 ⓜ 농장
field [fiːld] ⓜ 들, 논

farmer [fɑ́ːrmər]
ⓜ 농부

□ 섬(island)의 풍경을 **찍다**(photograph).

photograph [fóutəgræ̀f]
ⓢ 사진을 찍다 ⓜ 사진
island [áilənd] ⓜ 섬

photographer
[fətɑ́grəfər]
ⓜ 사진사

□ **빵**(bread)을 **굽다**(bake).

bake [beik] ⓢ (빵을) 굽다 ⓜ 굽기
bread [bred] ⓜ 빵, 식량

e로 끝날 경우 ~r만 붙어요.'

baker [béikər]
ⓜ 빵 굽는 사람

□ **그림**(picture)을 **그리다**(paint).

paint [peint] ⓢ 그리다, 페인트칠하다
ⓜ 그림물감, 페인트
picture [píktʃər] ⓜ 그림, 사진

painter [péintər]
ⓜ 화가

□ **강**(river) 속으로 **잠수하다**(dive).

dive [daiv] ⓢ 잠수하다, (물속에) 뛰어들다
river [rívər] ⓜ 강

diver [dáivər]
ⓜ 잠수하는 사람

□ 바이올린(violin) 곡을 **작곡하다**(compose).

compose [kəmpóuz] ⓢ 작곡(작문)하다
violin [vàiəlín] ⓜ 바이올린

composer [kəmpóuzər] ⓜ 작곡가

□ 화성(Mars)을 **탐험하다**(explore).

explore [ikspl5ːr] ⓢ 탐험하다
Mars [mɑːrz] ⓜ 화성

explorer [ikspl5ːrər] ⓜ 탐험가

□ 노래(song)에 맞춰 **춤을 추다**(dance).

dance [dæns] ⓢ 춤추다 ⓜ 춤, 댄스
song [suŋ] ⓜ 노래

dancer [dǽnsər] ⓜ 무용가

□ **차**(car)를 **운전해요**(drive).

drive [draiv] ⓢ 운전하다 ⓜ 드라이브
car [kɑːr] ⓜ 차, 자동차

driver [dráivər]
ⓜ 운전자

□ **매장**(department)을 **경영해요**(manage).

manage [mǽnidʒ] ⓢ 다루다, 경영하다
department [dipɑ́ːrtmənt]
ⓜ (조직의) 부, 매장 경영자

manager [mǽnidʒər]
ⓜ 지배인

□ **마을**(village)은 **언덕**(hill)을 지난다.

village [vílidʒ] ⓜ 마을
hill [hil] ⓜ 언덕, 작은 산

villager [vílidʒər]
ⓜ 마을 사람

□ **공화국**(republic)을 **지배하다**(rule).

rule [ruːl] ⓜ 규칙, 지배 ⓢ 지배하다
republic [ripʌ́blik] ⓜ 공화국

ruler [rúːlər]
ⓜ 통치자, 주권자

48th day

□ **관공서**(office)에 가서 서류를 **제출하다**(give).

office [ɔ́(:)fis] 명 사무실, 관공서
give [giv] 동 제출하다, 주다

officer [ɔ́(:)fisər]
명 공무원, 장교

「단모음+단자음」으로 끝날 경우, 「단자음 + -er」

□ **체스**(chess)대회에서 **이기다**(win).

win [win] 동 이기다, 획득하다
chess [tʃes] 명 체스, 서양장기

winner [wínər]
명 승리자

□ **가게**(store)에서 **물건을 사다**(shop).

shop [ʃɑp] 동 물건을 사다 명 상점, 소매점
store [stɔːr] 명 가게, 상점

shopper [ʃɑ́pər]
명 구매자

□ **축제**(feast)에서 **북을 치다**.(drum)

drum [drʌm] 명 북, 드럼 동 북을 치다
feast [fiːst] 명 축제, 잔치

drummer [drʌ́mər]
명 북 연주자

□ **스케이트(skate)**를 타고 **달리다(run).**

run [rʌn] ⓢ 달리다
skate [skeit] ⓜ 스케이트
ⓢ 스케이트를 타다

runner [rʌ́nər]
ⓜ 경주자

□ **보석(jewel)**을 **강탈하다(rob).**

rob [rɑb] ⓢ 강탈하다, 빼앗다
jewel [dʒúːəl] ⓜ 보석

robber [rɑ́bər]
ⓜ 도둑, 강도

□ **성가(chant)**를 부르며 **구걸하다(beg).**

beg [beg] ⓢ 구걸하다, 빌다
chant [tʃænt] ⓜ 노래, 성가

~ar 이 붙어요.

beggar [bégər]
ⓜ 거지

49th day

~or 이 붙어요.

□ **경제**(economy)에 관해 **상담하다**(counsel).

counsel [káunsəl] ⓢ 상담하다, 충고하다 ⓜ 조언
economy [ikánəmi] ⓜ 경제, 절약

counselor [káunsələr] ⓜ 상담원

□ **컴퓨터**(computer)를 **발명하다**(invent).

invent [invént] ⓢ 발명하다
computer [kəmpjúːtər] ⓜ 컴퓨터

inventor [invéntər] ⓜ 발명가

□ **보트**(boat)를 타고 **항해하다**(sail).

sail [seil] ⓢ 항해하다 ⓜ 돛
boat [bout] ⓜ 보트, 작은 배

sailor [séilər] ⓜ 선원

□ **국회**(parliament)를 **방문하다**(visit).

visit [vízit] ⓢ 방문하다
parliament [pɑ́ːrləmənt] ⓜ 의회, 국회

visitor [vízitər]
ⓜ 방문객

□ **프로그램**(program)을 **지휘하다**(conduct).

conduct [kɑndʌ̀kt] ⓢ 지휘하다, 지도하다
program [próugræm]
ⓜ 프로그램(라디오 · TV의) 프로

conductor [kəndʌ́ktər]
ⓜ 지휘자

□ 자신의 **재능**(talent)을 살려 **연기하다**(act).

act [ækt] ⓜ 행위, 행동 ⓢ 연기하다, 행동하다
talent [tǽlənt] ⓜ 재능, 탤런트

actor [ǽktər]
ⓜ 배우

□ **우화**(fable)를 소재로 **코미디**(comedy)하다.

comedy [kɑ́mədi] ⓜ 희극, 코미디
fable [féibəl] ⓜ 우화

-ian 이 붙어요.

comedian [kəmíːdiən]
ⓜ 코미디언, 희극 배우

□ **음악**(music)이 **라디오**(radio)에서 흘러나오다.

music [mjúːzik] 명 음악
radio [réidiòu] 명 라디오

musician [mjuːzíʃən]
명 음악가

□ **만화**(cartoon)가 **텔레비전**(television)에 나오다.

cartoon [kɑːrtúːn] 명 (시사)만화, 만화영화
television [téləvìʒən] 명 텔레비전

~ist 가 붙어요.

cartoonist [kɑːrtúːnist]
명 만화가

□ 휴가(vacation)때 **여행을 가다**(tour).

tour [tuər] 명 관광여행 동 여행을 하다
vacation [veikéiʃən] 명 방학, 휴가

tourist [túərist]
명 관광객

□ **경험**(experience)을 바탕으로 **소설**(novel)을 쓰다.

novel [nɑ́vəl] 명 소설
experience [ikspíəriəns]
명 경험 동 경험하다

novelist [nɑ́vəlist]
명 소설가

□ **사진(photo)**이 **예술(art)**이다.

art [ɑːrt] ⓜ 예술, 미술
photo [fóutou] ⓜ 〈구어〉사진

artist [ɑ́ːrtist]
ⓜ 예술가, 미술가

□ **행진곡(march)**을 **피아노(piano)**로 연주하다.

piano [piǽnou] ⓜ 피아노
march [mɑːrtʃ] ⓜ 행진(곡) ⓢ 행진하다

pianist [piǽnist]
ⓜ 피아니스트

□ **물리학(physics)**을 **주제(subject)**로 강의하다.

physics [fíziks] ⓜ 물리학
subject [sʌ́bdʒikt] ⓜ 과목, 주제

physicist [fízəsist]
ⓜ 물리학자

51st day

□ **자연 과학**(nature science)을 연구하고 있다.

science [sáiəns] ⓜ 과학, 자연 과학
nature [néitʃər] ⓜ 자연, 천성

scientist [sáiəntist]
ⓜ 과학자

□ 문법(grammar)을 **공부하다**(study).

study [stʌ́di] ⓢ 공부하다 ⓜ 공부, 연구
grammar [grǽmər] ⓜ 문법

~ent 가 붙어요.

student [stjú:dənt]
ⓜ 학생

□ 학교(school)에 **출석하다**(attend).

attend [əténd] ⓢ 출석하다, 참석하다
school [sku:l] ⓜ 학교

~ant 가 붙어요.

attendant [əténdənt]
ⓜ 수행원

□ 교회(church)에서 **봉사하다**(serve).

serve [sə:rv] ⓢ ~에 봉사하다
church [tʃə:rtʃ] ⓜ 교회

servant [sə́:rvənt]
ⓜ 봉사자

□ **운송(transportation) 사업(business)**을 하다.

business [bíznis] 명 사업, 장사, 직업
transportation [trӕnspərtéiʃən] 명 운송, 수송

~man 이 붙어요.

businessman [bíznismӕ̀n] 명 사업가, 실업가

□ **쇼핑몰(mall)**에서 **세일(sale)**을 하다.

sale [seil] 명 판매, 할인판매
mall [mɔːl] 명 (쇼핑)몰

salesman [séilzmən] 명 판매원

□ **맛있는(delicious) 생선(fish)**을 먹다.

fish [fiʃ] 명 물고기, 생선 동 낚시질하다
delicious [dilíʃəs] 형 맛있는

fisherman [fíʃərmən] 명 어부, 고기 잡는 사람

Check! Check!

A 영어는 우리말로, 우리말은 영어로 쓰세요.

❶ train ______________
❷ bread ______________
❸ picture ______________
❹ jewel ______________
❺ store ______________
❻ talent ______________
❼ music ______________
❽ march ______________
❾ church ______________
❿ mall ______________
⓫ 그리다 ______________
⓬ 강탈하다 ______________
⓭ 여행하다 ______________
⓮ 판매 ______________
⓯ (빵을) 굽다 ______________
⓰ 탐험하다 ______________
⓱ 북을 치다 ______________
⓲ 피아노 ______________
⓳ 라디오 ______________
⓴ 봉사하다 ______________

B 다음 빈칸에 알맞은 단어를 쓰세요.

❶ 공동체(______________)를 이끌다(______________).
❷ 기타(______________)를 치며 노래하다(______________).
❸ 자신의 생각(______________)을 말하다(______________).
❹ 맛있는(______________) 생선(______________)을 먹다.
❺ 물리학(______________)을 주제(______________)로 강의하다.
❻ 보트(______________)를 타고 항해하다(______________).
❼ 경제(______________)에 관해 상담하다(______________).
❽ 스케이트(______________)를 타고 달리다(______________).
❾ 마을(______________)은 언덕(______________)을 지난다.
❿ 노래(______________)에 맞춰 춤을 추다(______________).
⓫ 강(______________) 속으로 잠수하다(______________).
⓬ 논(______________)을 경작하다(______________).
⓭ 도서관(______________)에서 책을 읽다(______________).
⓮ 자동차(______________)의 엔진(______________)을 고치다.
⓯ 섬(______________)의 풍경을 찍다(______________).

C -er, -or, -ist, -man은 '~ 하는 사람' 이라는 뜻을 가진 대표적인 접미어입니다. 다음 중에서 접미어가 잘못 붙은 것을 고르세요.

❶ ⓐ art → arter ⓑ sing → singer
ⓒ run → runner ⓓ read → reader

❷ ⓐ act → actor ⓑ sail → sailor
ⓒ visit → visitor ⓓ comedy → comedyor

❸ ⓐ art → artist ⓑ read → readist
ⓒ piano → pianist ⓓ novel → novelist

❹ ⓐ sale → salesman ⓑ fish → fisherman
ⓒ dance → danceman ⓓ business → businessman

D 우리말 뜻에 알맞은 단어를 쓴 후에, '~하는 사람' 이 되도록 영어로 쓰세요.

❶ 보고하다 : ______________ ⇒ ______________
❷ 가르치다 : ______________ ⇒ ______________
❸ 죽이다 : ______________ ⇒ ______________
❹ 통치하다 : ______________ ⇒ ______________
❺ 운전하다 : ______________ ⇒ ______________
❻ 탐험하다 : ______________ ⇒ ______________
❼ 작곡하다 : ______________ ⇒ ______________
❽ 경영하다 : ______________ ⇒ ______________
❾ 관공서, 사무실 : ______________ ⇒ ______________
❿ 이기다 : ______________ ⇒ ______________
⓫ 발명하다 : ______________ ⇒ ______________
⓬ 방문하다 : ______________ ⇒ ______________
⓭ 구걸하다 : ______________ ⇒ ______________
⓮ 관광여행 : ______________ ⇒ ______________
⓯ 과학 : ______________ ⇒ ______________

52nd day

② 두 단어와 함께 보너스(명사형)도 배워요.

□ 나팔(trumpet)소리를 **듣다(hear).**

hear [hiər] ⑧ 듣다
trumpet [trʌ́mpit] ⑲ 트럼펫, 나팔

□ 벽돌(brick)로 집을 **짓다(build).**

build [bild] ⑧ 짓다, 건축하다
brick [brik] ⑲ 벽돌

□ 노력(effort)은 성공을 **의미하다(mean).**

mean [mi:n] ⑧ 의미하다
effort [éfərt] ⑲ 노력, 수고

＊ -ing 가 붙는 명사

hearing [híəriŋ]
⑲ 듣기, 청각

building [bíldiŋ]
⑲ 건축물

meaning [mí:niŋ]
⑲ 의미

□ **사고**(accident)가 날 것 같은 느낌을 **느끼다**(feel).

feel [fiːl] ⓢ 느끼다
accident [ǽksidənt] ⓜ (우연의) 사건

feeling [fíːliŋ]
ⓜ 느낌

□ **돈**(money)을 **벌다**(earn).

earn [əːrn] ⓢ 벌다, 획득하다
money [mʌ́ni] ⓜ 돈, 금전

earning [ə́ːrniŋ]
ⓜ 소득, 돈벌이

□ **회사**(company)에서 동생을 **만나다**(meet).

meet [miːt] ⓢ 만나다, 마주치다
company [kʌ́mpəni] ⓜ 회사, 교제

meeting [míːtiŋ]
ⓜ 만남

□ **변명**(excuse)을 **말하다**(say).

say [sei] ⓢ 말하다
excuse [ikskjúːz] ⓜ 변명
ⓢ 변명하다, 용서하다

saying [séiiŋ]
ⓜ 말하기, 속담

□ **능력**(ability)있는 남자와 **결혼하다**(wed).

wed [wed] ⑤ 결혼하다
ability [əbíləti] ⑱ 능력

wedding [wédiŋ]
⑱ 결혼, 결혼식

□ **가치**(worth)있는 것을 **따라가다**(follow).

follow [fálou] ⑤ 따르다, 쫓다
worth [wəːrθ] ⑱ 가치 ⑲ 가치가 있는

following [fálouiŋ]
⑱ 추종자, 신봉자

□ **파티**(party)에서 서로 만나 **인사하다**(greet).

greet [griːt] ⑤ 인사하다, 환영하다
party [páːrti] ⑱ 파티, 모임

greeting [gríːtiŋ]
⑱ 인사, 인사말

□ **도랑(ditch)**을 **오염시키다(pollute)**.

pollute [pəlúːt] ㊐ 오염시키다, 더럽히다
ditch [ditʃ] ㊔ 도랑, 개천

-tion 이 붙는 명사

pollution [pəlúːʃən]
㊔ 오염

□ **행성(planet)**을 여행하는 것을 **상상하다(imagine)**.

imagine [imǽdʒin] ㊐ 상상하다, 추측하다
planet [plǽnət] ㊔ 행성

imagination [imæ̀dʒənéiʃən]
㊔ 상상력, 상상

□ **대통령(president)**을 **선출하다(elect)**.

elect [ilékt] ㊐ 선출하다, 선거하다
president [prézidənt] ㊔ 대통령, 회장

election [ilékʃən]
㊔ 선거

□ **왕국(kingdom)**을 **통일하다(unify)**.

unify [júːnəfài] ㊐ 통일하다, 하나로 하다
kingdom [kíŋdəm] ㊔ 왕국

unification [jùːnəfikéiʃən]
㊔ 통일, 통합

□ **기술(skill)**이 좋은지 **시험하다(examine)**.

examine [igzǽmin] ㊍ 시험하다, 검사하다
skill [skil] ㊔ 솜씨, 기술

examination [igzæ̀mənéiʃən]
㊔ 시험(=exam)

□ **인공위성(satellite)** 운전법을 **교육하다(educate)**.

educate [édʒukèit] ㊍ 교육하다
satellite [sǽtəlàit] ㊔ 위성, 인공위성
㊎ 위성의

education [èdʒukéiʃən]
㊔ 교육

□ **경쟁상대(enemy)**를 **초청하다(invite)**.

invite [inváit] ㊍ 초청하다, 초대하다
enemy [énəmi] ㊔ 적, 경쟁상대

invitation [ìnvətéiʃən]
㊔ 초대

□ 희망(hope)을 전하다(communicate).

communicate [kəmjú:nəkèit] ⑧ 전하다, 통신하다

hope [houp] ⑲ 희망, 기대 ⑧ 희망하다, 바라다

communication [kəmjù:nəkéiʃən] ⑲ 전달, 통신

□ 대학(college)을 졸업하다(graduate).

graduate [grǽdʒuèit] ⑧ 졸업하다

college [kálidʒ] ⑲ (단과) 대학

graduation [grӕ̀dʒuéiʃən] ⑲ 졸업, 졸업식

□ 한 학기(semester)를 준비하다(prepare).

prepare [pripέər] ⑧ 준비하다

semester [siméstər] ⑲ 학기, 한 학기

preparation [prèpəréiʃən] ⑲ 예습, 준비

□ 우표(stamp)를 모으다(collect).

collect [kəlékt] ⑧ 모으다, 수집하다

stamp [stæmp] ⑲ 우표, 스탬프

collection [kəlékʃən] ⑲ 수집, 수집물

55th day

□ **결과(effect)**를 **알리다(inform)**.

inform [infɔ́ːrm] ⓢ 알리다
effect [ifékt] ⓜ 결과, 효과, 영향

information [ìnfərméiʃən] ⓜ 정보, 지식

□ **온도(temperature)**가 매일매일 **다르다(differ)**.

differ [dífər] ⓢ 다르다, 틀리다
temperature [témpərətʃər] ⓜ 온도, 기온, 체온

* -a(e)nce 가 붙는 명사

difference [dífərəns] ⓜ 다름, 차이점

□ **부엌(kitchen)**으로 **들어가다(enter)**.

enter [éntər] ⓢ 들어가다, 입학하다
kitchen [kítʃən] ⓜ 부엌

entrance [éntrəns] ⓜ 입구, 입학, 입장

□ **용기(courage)**있는 자를 **임명하다(appoint)**.

appoint [əpɔ́int] 동 임명하다, 지정하다
courage [kə́ːridʒ] ⓜ 용기, 담력

* -ment가 붙는 명사

appointment [əpɔ́intmənt] ⓜ 임명, 약속

□ 전 **지역**(area)을 **통치하다**(govern).

govern [gʌ́vərn] ⓢ 통치하다, 다스리다
area [ɛ́əriə] ⓜ 지역, 면적

government
[gʌ́vərnmənt]
ⓜ 정부, 정치

□ **오락**(recreation) 시간을 **즐기다**(enjoy).

enjoy [endʒɔ́i] ⓢ 즐기다
recreation [rèkriéiʃən] ⓜ 휴양, 레크레이션

enjoyment
[endʒɔ́imənt]
ⓜ 즐거움, 기쁨

□ **어른**(adult)들을 **즐겁게 하다**(amuse).

amuse [əmjúːz] ⓢ 즐겁게 하다, 웃기다
adult [ədʌ́lt] ⓜ 성인, 어른 ⓗ 어른의

amusement
[əmjúːzmənt]
ⓜ 즐거움, 재미, 오락

56th day

□ **세탁소**(laundry)를 **광고하다**(advertise).

advertise [ǽdvərtàiz] ⓢ 광고하다
laundry [lɑ́:ndri] ⓜ 세탁소, 세탁물

advertisement [æ̀dvərtáizmənt]
ⓜ 광고

□ **축하**(congratulation)를 받으며 **결혼하다**(marry).

marry [mǽri] ⓢ 결혼하다
congratulation [kəngræ̀tʃəléiʃən] ⓜ 축하, 경축

다양하게 변해요.

marriage [mǽridʒ]
ⓜ 결혼, 결혼식

□ **해결**(solution) 방법을 **알다**(know).

know [nou] ⓢ 알다
solution [səljú:ʃən] ⓜ 해결, 해답

knowledge [nɑ́lidʒ]
ⓜ 지식

□ **총**(gun)을 잘 다루라고 **충고하다**(advise).

advise [ædváiz] ⓢ 충고하다
gun [gʌn] ⓜ 총, 대포

advice [ædváis]
ⓜ 충고

□ 식물(plant)들도 **호흡을 한다**(breathe).

breathe [briːð] ⓢ 호흡하다, 숨 쉬다
plant [plænt] ⓜ 식물 ⓢ (식물을) 심다

breath [breθ]
ⓜ 숨, 호흡

□ 우산(umbrella)을 **생산하다**(produce).

produce [prədjúːs] ⓢ 생산하다, 제작하다
umbrella [ʌmbrélə] ⓜ 우산

product [prɑ́dəkt]
ⓜ 생산품

□ 연필(pencil)로 쓴 글을 **지우다**(erase).

erase [iréis] ⓢ 지우다, 삭제하다
pencil [pénsəl] ⓜ 연필

eraser [iréisər]
ⓜ 지우개

□ **구멍(hole)**난 옷을 입었다고 **놀리다(laugh)**.

laugh [læf] ⓢ 웃다, 비웃다
hole [houl] ⓜ 구멍, 틈

laughter [lǽftər]
ⓜ 웃음, 웃음소리

□ **소포(parcel)**의 **무게를 재다(weigh)**.

weigh [wei] ⓢ 무게를 재다, 평가하다
parcel [pɑ́ːrsəl] ⓜ 소포

weight [weit]
ⓜ 무게, 체중

□ **바퀴(wheel)**를 **끌다(draw)**.

draw [drɔː] ⓢ 끌다, 당기다
wheel [*h*wiːl] ⓜ 바퀴

drawer [drɔ́ːər]
ⓜ 서랍, 장롱

□ **채소**(vegetable)를 가지고 **요리하다**(cook).

cook [kuk] ⓢ 요리하다 ⓜ 요리사
vegetable [védʒətəbəl] ⓜ 야채, 채소

cookie [kúki]
ⓜ 쿠키

□ **달**(moon)이 **움직이다**(move).

move [muːv] ⓢ 움직이다, 이동하다
moon [muːn] ⓜ 달

movie [múːvi]
ⓜ 영화

□ **지구**(earth)가 자전하는 것을 **증명하다**(prove).

prove [pruːv] ⓢ 증명하다, 입증하다
earth [əːrθ] ⓜ 지구, 땅

proof [pruːf]
ⓜ 증명, 입증

□ **의상**(costume)이 싫다고 **불평하다**(complain).

complain [kəmpléin] ⓢ 불평하다
costume [kástjuːm] ⓜ 복장, 의상

complaint [kəmpléint]
ⓜ 불평

Check! Check!

A 영어는 우리말로, 우리말은 영어로 쓰세요.

❶ earth	________	⓫ 요리하다	________
❷ excuse	________	⓬ (돈을) 벌다	________
❸ money	________	⓭ 짓다, 건축하다	________
❹ president	________	⓮ 선거하다	________
❺ semester	________	⓯ 모으다	________
❻ skill	________	⓰ 시험하다	________
❼ worth	________	⓱ 통일하다	________
❽ company	________	⓲ 만나다	________
❾ brick	________	⓳ 통치하다	________
❿ area	________	⓴ 즐겁게 하다	________

B 다음 빈칸에 알맞은 단어를 쓰세요.

❶ 사고(________)가 날 것 같은 느낌을 느끼다(________).

❷ 나팔(________)소리를 듣다(________).

❸ 파티(________)에서 서로 만나 인사하다(________).

❹ 바퀴(________)를 끌다(________).

❺ 구멍(________)난 옷을 입었다고 놀리다(________).

❻ 달(________)이 움직이다(________).

❼ 대학(________)을 졸업하다(________).

❽ 도랑(________)을 오염시키다(________).

❾ 노력(________)은 성공을 의미하다(________).

❿ 희망(________)을 전하다(________).

⓫ 용기(________)있는 자를 임명하다(________).

⓬ 오락(________)시간을 즐기다(________).

⓭ 식물(________)들도 호흡을 한다(________).

⓮ 부엌(________)으로 들어가다(________).

⓯ 우산(________)을 생산하다(________).

C -ing, -tion, -ment 등은 동사를 명사로 만드는 대표적인 접미어입니다. 다음 중에서 접미어가 잘못 연결된 것을 고르세요.

❶ ⓐ feel → feeling ⓑ mean → meaning
ⓒ build → building ⓓ marry → marrying

❷ ⓐ greet → greetion ⓑ elect → election
ⓒ collect → collection ⓓ examine → examination

❸ ⓐ hear → hearment ⓑ enjoy → enjoyment
ⓒ appoint → appointment ⓓ advertise → advertisement

❹ ⓐ say → saying ⓑ enter → entrance
ⓒ meet → meetance ⓓ differ → difference

D 영어에 알맞은 우리말 뜻을 쓰고, 명사형으로 바꿔 쓴 후에 그 뜻과 함께 쓰세요.

❶ say : ______________ ⇒ ______________ : ______________

❷ follow : ______________ ⇒ ______________ : ______________

❸ imagine : ______________ ⇒ ______________ : ______________

❹ educate : ______________ ⇒ ______________ : ______________

❺ prepare : ______________ ⇒ ______________ : ______________

❻ inform : ______________ ⇒ ______________ : ______________

❼ know : ______________ ⇒ ______________ : ______________

❽ advertise : ______________ ⇒ ______________ : ______________

❾ advise : ______________ ⇒ ______________ : ______________

❿ erase : ______________ ⇒ ______________ : ______________

속담으로 다시 보는 영단어

- **Follow your own star!**

  네 자신의 별을 쫓아가라!

  (남의 목표를 쫓지 말고, 너 스스로의 목표를 쫓아라!)

- **Great talent takes time to ripen.**

  대단한 재능은 익는데 시간이 걸린다.(대기만성)

- **What much is worth comes from the earth.**

  정말로 가치가 있는 것은 대지로부터 온다.

- **If you have bread, don't look for cake.**

  빵을 가지고 있다면, 케이크를 탐하지 말라.

- **Learning without thought is labour lost.**

  생각하지 않고 배우는 것은 헛수고다.

- **Too many cooks spoil the broth.**

  요리사가 너무 많으면 국물을 망친다. (사공이 많으면 배가 산으로 간다.)

Part 5
어울리는 단어끼리 배워요

58th day

① 명사와 어울리는 동사를 배워요.

□□ **계란(egg)**이 깨지지 않게 잘 **포장하다(wrap)**.

egg [eg]	명 계란, 달걀
wrap [ræp]	동 싸다, 포장하다 명 싸개, 덮개

□□ **동굴(cave)**의 비밀을 **풀다(solve)**.

cave [keiv]	명 굴, 동굴
solve [sɑlv]	동 풀다, 해결하다

□□ **소(ox)**가 **냄새를 맡다(sniff)**.

ox [ɑks]	명 소, 수소
sniff [snif]	동 냄새 맡다, 코를 킁킁거리다

□□ **사탕(candy)** 100개를 **주문하다(order)**.

candy [kǽndi]	명 캔디, 사탕
order [ɔ́ːrdər]	동 명령하다, 주문하다 명 명령, 주문

□□ **식품점**(grocery)에서 음료수를 **꿀꺽꿀꺽 마시다**(gulp).

grocery [gróusəri] 명 식품점, 식료품류
gulp [gʌlp] 동 꿀꺽꿀꺽 마시다

□□ **사회운동**(campaign)에 **헌신하다**(devote).

campaign [kæmpéin] 명 캠페인, 사회운동
devote [divóut] 동 ~에 헌신하다, 바치다

□□ **모험**(adventure)을 **좋아하다**(prefer).

adventure [ædvéntʃər] 명 모험
prefer [prifə́ːr] 동 보다 좋아하다

□□ **상**(prize)을 타는 학생에게 **박수갈채하다**(applaud).

prize [praiz] 명 상, 상품
applaud [əplɔ́ːd] 동 박수갈채하다

□□ **흙**(soil)을 **파다**(dig).

soil [sɔil] 명 흙, 땅
dig [dig] 동 파다

□□ **화**(anger)가 나서 부들부들 **몸을 떨다**(tremble).

anger [ǽŋgər] ㉮ 노여움, 화
tremble [trémbəl] ㉯ 떨다 ㉮ 떨림, 진동

□□ **방법**(method)을 **배우다**(learn).

method [méθəd] ㉮ 방법
learn [ləːrn] ㉯ 배우다, 익히다

□□ **추수**(harvest)가 끝난 곡식을 창고로 **나르다**(carry).

harvest [hάːrvist] ㉮ 수확, 추수 ㉯ 수확하다
carry [kǽri] ㉯ 나르다, 운반하다

□□ **굴뚝**(chimney)에서 **연기가 나다**(smoke).

chimney [tʃímni] ㉮ 굴뚝
smoke [smouk] ㉯ 연기를 내다, 흡연하다 ㉮ 연기, 매연

□□ 강 사이를 **다리**(bridge)로 **연결하다**(connect).

bridge [bridʒ] ㉮ 다리
connect [kənékt] ㉯ 잇다, 연결하다

□□ **새장**(cage)을 **수선하다**(mend).

cage [keidʒ] ㊔ 새장, 우리
mend [mend] ㊍ 수선하다, 고치다

□□ **거품**(bubble)이 얼마나 생기는지 **관찰하다**(observe).

bubble [bʌ́bəl] ㊔ 거품, 끓어오름 ㊍ 거품이 일다, 끓다
observe [əbzə́ːrv] ㊍ 관찰하다, 지키다

□□ **그물**(net)에 고기가 얼마나 있는지 **보다**(look).

net [net] ㊔ 그물, 통신망
look [luk] ㊍ 보다 ㊔ 봄

□□ **더위**(heat)에 지쳐 **수영하다**(swim).

heat [hiːt] ㊔ 열, 더위
swim [swim] ㊍ 수영하다 ㊔ 수영

60th day

□□ **하늘(sky)**에서 천둥소리가 **들리다(sound)**.

sky [skai] ⓜ 하늘
sound [saund] ⓢ 소리가 들리다 ⓜ 소리, 음향

□□ **돌(stone)**을 던져 **놀라게 하다(frighten)**.

stone [stoun] ⓜ 돌, 돌멩이 ⓗ 돌의
frighten [fráitn] ⓢ 깜짝 놀라게 하다

□□ **행복(happiness)**이 오기를 **기다리다(wait)**.

happiness [hǽpinis] ⓜ 행복, 행운
wait [weit] ⓢ 기다리다, 대기하다

□□ **누군가(someone)**가 나를 **빤히 보다(stare)**.

someone [sʌ́mwʌ̀n] ⓓ 누군가, 어떤 사람(=somebody)
stare [stɛər] ⓢ 응시하다, 빤히 보다

□□새 옷 **한 벌(pair)**을 입고 **어깨를 으쓱하다(shrug).**

pair [pεər] ㉬ 한 쌍, 한 벌
shrug [ʃrʌg] ㉭ (어깨를) 으쓱하다

□□자신의 **능력(ability)**을 **개발하다(develop).**

ability [əbíləti] ㉬ 능력
develop [divéləp] ㉭ 개발하다, 발전시키다

□□개가 **꼬리(tail)**를 **올리다(raise).**

tail [teil] ㉬ (동물의) 꼬리
raise [reiz] ㉭ 올리다, 승진시키다

□□**지붕(roof)**이 **새다(leak).**

roof [ruːf] ㉬ 지붕, 꼭대기
leak [liːk] ㉭ (지붕 등이) 새다, 새어나오다

□□**모래(sand)**는 물을 **빨아들인다(absorb).**

sand [sænd] ㉬ 모래
absorb [əbsɔ́ːrb] ㉭ 흡수하다, 빨아들이다

61st day

② 이런 사람(명사)은 이런 일을 해요(동사)!

□□ **승무원(crew)**이 승객들에게 **봉사하다(serve)**.

crew [kruː] ㊔ 승무원

serve [səːrv] ㊍ 봉사하다, 시중들다

Ready, shoot!

I'm a soldier

□□ **군인(soldier)**들이 총을 **쏘다(shoot)**.

soldier [sóuldʒər] ㊔ 군인, 병사

shoot [ʃuːt] ㊍ 쏘다, 슛하다 ㊔ 사격, 발사

□□ **교수(professor)**가 리포트를 **평가하다(appreciate)**.

professor [prəfésər] ㊔ (대학) 교수

appreciate [əpríːʃièit] ㊍ 평가하다, 감상하다

□□ **이웃사람(neighbor)**들이 모여서 **토론하다(discuss)**.

neighbor [néibər] ㊔ 이웃, 이웃 사람 ㊒ 이웃의

discuss [diskʌ́s] ㊍ 토론하다

□□ **편집자(editor)**는 새로운 계획을 항상 **고려한다(consider)**.

editor [édətər] ㊔ 편집자

consider [kənsídər] ㊍ 고려하다, 두루 생각하다

□□ **작가**(writer)가 새로운 소설을 **창작하다**(create).

writer [ráitər] ⓜ 작가
create [kriːéit] ⓢ 창조하다, 창작하다

□□ **교장**(principal)이 교사들과 **논의하다**(discuss).

principal [prínsəpəl] ⓜ 교장, 장 ⓗ 주요한
discuss [diskʌ́s] ⓢ 토의하다, 의견을 나누다

□□ **해군대장**(admiral)이 적군에게 **경고하다**(warn).

admiral [ǽdmərəl] ⓜ 해군대장, 제독
warn [wɔːrn] ⓢ 경고하다

□□ **형사**(detective)가 범인을 **추적하다**(chase).

detective [ditéktiv] ⓜ 탐정, 형사 ⓗ 탐정의
chase [tʃeis] ⓢ 뒤쫓다, 추적하다 ⓜ 추적

62nd day

□□ **재판관(judge)**이 판결문을 **설명하다(explain).**

judge [dʒʌdʒ] ⓜ 재판관, 판사 ⓓ 재판하다, 판단하다
explain [ikspléin] ⓓ 설명하다, 해석하다

□□ **판매원(clerk)**이 제품에 대하여 자세히 **언급하다(mention).**

clerk [kləːrk] ⓜ 판매원, 사무원
mention [ménʃən] ⓓ 언급하다, 말하다

□□ **목수(carpenter)**는 가구에 무늬를 **새긴다(carve).**

carpenter [káːrpəntər] ⓜ 목수
carve [kaːrv] ⓓ 새기다, 조각하다

□□ **우주 비행사(astronaut)**는 외로움을 **겪는다(suffer).**

astronaut [ǽstrənɔ̀ːt] ⓜ 우주 비행사
suffer [sʌ́fər] ⓓ (고통 · 변화 따위를) 겪다, 견디다

③ 명사와 어울리는 형용사를 배워요.

□□ **겨자**(mustard)는 **매운 맛의**(spicy) 음식을 만들 때 쓰인다.

mustard [mʌ́stərd] 명 겨자
spicy [spáisi] 형 양념을 많이 넣은, 매운

□□ 화산이 **대단한**(great) **기세**(force)로 폭발하다.

great [greit] 형 큰, 거대한
force [fɔːrs] 명 힘, 세력 동 강요하다

□□ **모든**(all) **사람**(people)들이 다 모이는 백화점

all [ɔːl] 형 모든, 전체의 전 모두
people [píːpl] 명 사람, 민족

□□ **걱정되는**(worried) 우리나라의 **산업**(industry).

worried [wə́ːrid] 형 걱정스러운
industry [índəstri] 명 공업, 산업

□□ **지루한**(boring) **문장**(sentence)을 읽으니 졸린다.

boring [bɔ́ːriŋ] 형 지루한, 따분한
sentence [séntəns] 명 문장, 글

63rd day

□□ **양쪽의(both) 가장자리(border)**에 선을 그리다.

both [bouθ] ⓗ 양쪽의 ⓑ 둘 다

border [bɔ́:rdər] ⓜ 테두리, 가장자리

□□ **플라스틱(plastic)**은 **화학적인(chemical)** 과정을 거친다.

plastic [plǽstik] ⓜ 플라스틱 ⓗ 플라스틱의

chemical [kémikəl] ⓗ 화학의 ⓜ 화학제품

□□ **완벽한(complete) 무대장치(setting)**를 만들다.

complete [kəmplí:t] ⓗ 완전한, 완벽한

setting [sétiŋ] ⓜ 놓기, 설치, 무대장치

□□ **반대하는(contrary) 이유(reason)**를 말해보세요!

contrary [kántreri] ⓗ 반대의 ⓜ 반대, 모순

reason [rí:zən] ⓜ 이유, 근거

□□ **호기심이 많은(curious) 아기(baby)**

curious [kjúəriəs] ⓗ 호기심이 많은

baby [béibi] ⓜ 갓난아이, 젖먹이

□□ **매일의(daily)** 일상을 **일기(diary)**에 쓰세요.

daily [déili] ㉑ 매일의, 일상의 ㉕ 매일, 날마다

diary [dáiəri] ㉠ 일기, 일지

□□ 저기 **귀여운(dear) 인형(doll)**을 보세요!

dear [diər] ㉑ 사랑하는, 귀여운 ㉠ 귀여운 사람

doll [dɑl] ㉠ 인형

□□ **희미한(faint) 신호등(signal)** 때문에 사고가 나다.

faint [feint] ㉑ 희미한, 아찔한 ㉠ 기절

signal [sígnəl] ㉠ 신호, 신호등 ㉢ 신호를 보내다

□□ 이것은 **전기(electrical) 제품(goods)**이다.

electrical [iléktrikəl] ㉑ 전기의, 전기에 관한

goods [gudz] ㉠ 물건, 상품

④ 명사에 어울리는 부사를 배워요.

□□ 며칠 **전에(ago)** **플루트(flute)**를 불었다.

ago [əgóu] ㊜ 전에
flute [fluːt] ㊔ 플루트

□□ 스테이크를 **거의(almost)** **중간(medium)** 정도로 구워 먹다.

almost [ɔ́ːlmoust] ㊜ 거의, 대체로
medium [míːdiəm] ㊔ 중간, 보통 ㊞ 중간의

□□ **앞에(ahead)** 보이는 것이 **정거장(station)**이다.

ahead [əhéd] ㊜ 앞에, 앞쪽에
station [stéiʃən] ㊔ 정거장, 역

□□ **뒤에(behind)** 있는 차끼리 **충돌(crash)**이 일어나다.

behind [biháind] ㊜ 뒤에
crash [kræʃ] ㊔ 충돌, 추락, 요란한 소리

□□ **이미(already) 항해(voyage)**를 떠났다.

already [ɔːlrédi] ㊇ 이미, 벌써
voyage [vɔ́iidʒ] ㊔ 항해, 여행 ㊂ 여행하다

□□ **항상(always)** 운동을 하는 것은 **인내(endurance)**가 필요하다.

always [ɔ́ːlweiz] ㊇ 늘, 언제나
endurance [indjúərəns] ㊔ 인내(력), 지구력

□□ **더 이상(anymore) 사막(desert)**에 가지 않다.

anymore [ènimɔ́ːr] ㊇ 이제는, 더 이상
desert [dézəːrt] ㊔ 사막 ㊗ 사막의

□□ **어디에도(anywhere) 셀프서비스 식당(cafeteria)**이 없다.

anywhere [énihwɛ̀ər] ㊇ 어디에도, 어디엔가
cafeteria [kæ̀fitíəriə] ㊔ 카페테리아, 셀프 서비스 식당

□□ **그 외에(else)** 어떤 **부탁(favor)**이든 들어주다.

else [els] ㊇ 그 외에, 그 밖에
favor [féivər] ㊔ 부탁, 친절

□□ **언제나**(forever) 너를 **환영해**(welcome).

forever [fərévər] ㊊ 영원히, 언제나
welcome [wélkəm] ㊔ 환영 ㊍ 환영하다

□□ **바로**(just) 그때 월드컵 **축구**(soccer) 경기가 시작되다.

just [dʒʌst] ㊊ 바로, 오직
soccer [sɑ́kər] ㊔ 축구

□□ **지금**(now) 우리 **팀**(team)이 지고 있다.

now [nau] ㊊ 지금, 현재 ㊗ 지금의, 현재의
team [tiːm] ㊔ 팀, 조

□□ **나중에**(later) **우주**(universe)를 여행하고 싶다.

later [léitər] ㊊ 뒤에, 나중에 ㊗ 더 늦은
universe [júːnəvə̀ːrs] ㊔ 우주, 전 세계

□□ **자주**(often) **사전**(dictionary)을 찾아보다.

often [ɔ́(ː)ftən] ㊊ 자주, 종종
dictionary [díkʃənèri] ㊔ 사전, 옥편

□□ **곧**(soon) 하던 일을 **일시중지하다**(pause).

soon [suːn] ㊏ 곧, 즉시
pause [pɔːz] ㊔ 중단, 일시정지 ㊕ 일시중지하다

□□ **그 때**(then) 빌딩에서 **불길**(flame)이 타오르다.

then [ðen] ㊏ 그때, 그 다음에
flame [fleim] ㊔ 불꽃, 불길 ㊕ 타오르다

□□ **여기에**(here) **가구**(furniture)를 놓으세요!

here [hiər] ㊏ 여기에, 이 곳에 ㊔ 여기
furniture [fə́ːrnitʃər] ㊔ 가구

□□ **거기에**(there) **냉장고**(refrigerator)를 **놓으세요!**

there [ðɛər] ㊏ 거기에, 그 곳에 ㊔ 저기, 거기
refrigerator [rifrìdʒəréitər] ㊔ 냉장고

□□ 여기는 **출입문(gate)**이 필요 없다. **그러므로(therefore)** 없애자.

therefore [ðέərfɔ̀ːr] ㊕ 그러므로
gate [geit] ㊔ 문, (출입구, 성문 따위의) 출입문

□□ **대신에(instead)** 이 곳에 **창문(window)**을 달자.

instead [instéd] ㊕ 대신에, 그보다는
window [wíndou] ㊔ 창(문)

□□ **또한(also)** 이 곳에 **꽃병(vase)**도 놓자!

also [ɔ́ːlsou] ㊕ 또한, 역시
vase [veis] ㊔ 꽃병, (장식용) 항아리

□□ **행복하게도(happily) 선물(gift)**을 많이 받았다.

happily [hǽpili] ㊕ 행복하게, 즐겁게
gift [gift] ㊔ 선물

□□ **아무리** 힘이 세**더라도(however)** 그 **바위(rock)**를 들지는 못한다.

however [hauévər] ㊕ 아무리 ~ 할지라도 ㊘ 그러나, 그렇지만
rock [rɑk] ㊔ 바위, 돌

□□ 나는 그를 **일주일**(week)에 **한 번**(once) 만난다.

once [wʌns] ㊜ 한 번, 한 차례

week [wiːk] ㊔ 주, 1주간

□□ 나는 그를 1**년**(year)에 **두 번**(twice) 만난다.

twice [twais] ㊜ 두 번, 두 배로

year [jiə*r*] ㊔ 해, 년도

Check! Check!

A 영어는 우리말로, 우리말은 영어로 쓰세요.

❶ happily ______________
❷ later ______________
❸ almost ______________
❹ plastic ______________
❺ astronaut ______________
❻ detective ______________
❼ neighbor ______________
❽ sky ______________
❾ cage ______________
❿ candy ______________
⓫ 바위, 돌 ______________
⓬ 일시중지하다 ______________
⓭ 사막 ______________
⓮ 인형 ______________
⓯ 목수 ______________
⓰ 논의하다 ______________
⓱ 경고하다 ______________
⓲ 전념하다 ______________
⓳ 수선하다 ______________
⓴ 주문하다 ______________

B 다음 빈칸에 알맞은 단어를 쓰세요.

❶ 흙(______________)을 파다(______________).
❷ 방법(______________)을 배우다(______________).
❸ 새 옷 한 벌(______________)을 입고, 어깨를 으쓱하다(______________).
❹ 개가 꼬리(______________)를 올리다(______________).
❺ 모래(______________)는 물을 빨아들인다(______________).
❻ 군인(______________)들이 총을 쏘다(______________).
❼ 형사(______________)가 범인을 추적하다(______________).
❽ 작가(______________)가 새로운 소설을 창작하다(______________).
❾ 지루한(______________) 문장(______________)을 읽으니 졸린다.
❿ 완벽한(______________) 무대장치(______________)를 만들다.
⓫ 호기심이 많은(______________) 아기(______________)
⓬ 이것은 전기(______________) 제품(______________)이다.
⓭ 이미(______________) 항해(______________)를 떠났다.
⓮ 여기는 출입문(______________)이 필요 없다. 그러므로(______________) 없애자.
⓯ 나는 그를 일주일(______________)에 한 번(______________) 만난다.

C 가로 열쇠와 세로 열쇠를 보고 단어 퍼즐을 풀어보세요.

가로열쇠 ③ 모험 ⑥ 편집자 ⑦ 더위 ⑨ 사람 ⑩ 점원 ⑫ 산업 ⑭ 항상 ⑯ 거기에 ⑰ 일기

세로열쇠 ① 발전하다 ② 가격 ④ 응시하다 ⑤ 설명하다 ⑧ 매운 ⑪ 매일의 ⑬ 부탁 ⑮ 여기에

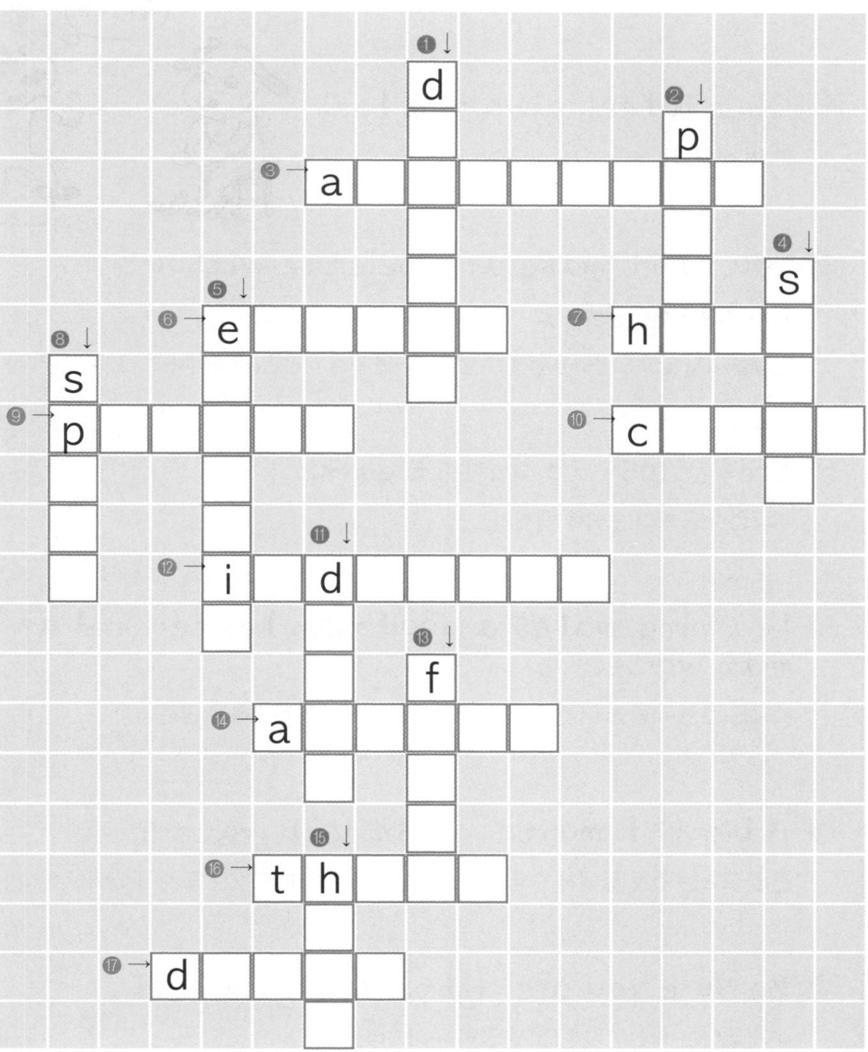

속담으로 다시 보는 영단어

- **Don't judge a man until you've walked in his boots.**

  다른 사람의 신을 신고 걷기 전에는, 그 사람을 평가하지 말아라.
  (그 사람의 입장이 되기 전에는, 그 사람을 평가하지 말자.)

- **Once a heel, always a heel.**

  한 번 비열했던 놈은 항상 비열하다.

- **You can't make an omelette without breaking eggs.**

  달걀을 깨지 않고 오믈렛을 만들 수 없다. (어떤 일을 하려면, 고통이나 수고가 뒤따른다.)

- **Prefer loss to unjust gain.**

  부당한 이득보다 손해를 택해라.

- **Learning makes a good man better and an ill man worse.**

  배움은 선한 사람을 더 선하게 만들고, 악한 사람을 더 악하게 만든다.

- **A big fish must swim in deep waters.**

  큰 물고기는 깊은 물에서 수영해야 한다.(큰 인물이 되려면 큰 도시에 있어야 한다.)

- **Be sure you are right, then go ahead.**

  네가 옳다는 확신이 있다면, 용감히 나아가라.

Part 6
단어와 단어가 만나 새 단어가 되어요

book [buk] ㊔ 책

book (책)
+ store [stɔːr] ㊔ 가게, 저장
= **bookstore** [búkstɔ̀ːr] ㊔ 서점

text [tekst] ㊔ 본문, 원문
+ book (책)
= **textbook** [tékstbùk] ㊔ 교과서

note [nout] ㊔ 기록, 메모 ㊖ 써놓다
+ book (책)
= **notebook** [nóutbùk] ㊔ 공책, 노트북 컴퓨터

guide [gaid] ㊔ 안내자, 가이드 ㊖ 안내하다
+ book (책)
= **guidebook** [gáidbùk] ㊔ 여행안내(서), 가이드 북

ball [bɔːl] ⓜ 공

base [beis] ⓜ 기초, (야구의) 베이스, (음악의) 베이스

+ ball (공)

= **baseball** [béisbɔ̀ːl] ⓜ 야구

basket [bǽskit] ⓜ 바구니

+ ball (공)

= **basketball** [bǽskitbɔ̀ːl] ⓜ 농구, 농구공

foot [fut] ⓜ 발

+ ball (공)

= **football** [fútbɔ̀ːl] ⓜ 풋볼, 미식축구

volley [váli] ⓜ 일제 사격, 연발

+ ball (공)

= **volleyball** [válibɔ̀ːl] ⓜ 배구

room [ruːm] 명 방, 공간

bath [bæθ] 명 목욕
+ room (방)
= **bathroom** [bǽθrù(ː)m] 명 욕실, 화장실

bed [bed] 명 침대
+ room (방)
= **bedroom** [bédrùːm] 명 침실

living [líviŋ] 형 생활의, 거주의
+ room (방)
= **living room** [líviŋruːm] 명 거실

class [klæs] 명 학급, 반
+ room (방)
= **classroom** [klǽsrù(ː)m] 명 교실

*classmate [klǽsmèit] 명 학급친구, 급우

ship [ʃip] ⓜ 1 배
2 접미어로 붙어서 추상명사를 만듦

space [speis] ⓜ 공간, 우주
\+ ship (배)
= **spaceship** [spéisʃìp] ⓜ 우주선

scholar [skɑ́lər] ⓜ 학자
\+ ship (접미어)
= **scholarship** [skɑ́lərʃìp] ⓜ 학문

friend [frend] ⓜ 친구, 벗
\+ ship (접미어)
= **friendship** [fréndʃìp] ⓜ 우정

hard [hɑːrd] ⓑ 열심히 ⓗ 단단한, 힘든
\+ ship (접미어)
= **hardship** [hɑ́ːrdʃìp] ⓜ 고난, 곤경

ache [eik] 동 아프다, 쑤시다 명 아픔

head [hed] 명 머리

\+ ache [eik] 동 아프다 명 아픔

= **head**ache [hédèik] 명 두통

tooth [tuːθ] 명 이, 치아

\+ ache [eik] 동 아프다 명 아픔

= **tooth**ache [túːθèik] 명 치통

stomach [stʌmək] 명 위, 복부

\+ ache [eik] 동 아프다 명 아픔

= **stomach**ache [stʌ́məkèik] 명 위통, 복통

ear [iər] 명 귀, 청각

\+ ache [eik] 동 아프다 명 아픔

= **ear**ache [íərèik] 명 귀앓이, 이통

back [bæk] 명 등, 뒤

\+ ache [eik] 동 아프다 명 아픔

= **back**ache [bǽkèik] 명 등의 통증, 요통

every [évriː] ⓗ 모든

everything	[évriθìŋ]	ⓓ 모든 것, 무엇이든지
everywhere	[évri*h*wὲə*r*]	ⓑ 어디에나
everyday	[évridèi]	ⓗ 매일의, 일상의
everybody	[évribὰdi]	ⓓ 누구나, 모두
everyone	[évriwʌ̀n]	ⓓ 모든 사람, 누구나

some [sʌm] ⓗ 얼마간의, 어떤

somebody	[sʌ́mbὰdi]	ⓓ 어떤 사람, 누군가
someday	[sʌ́mdèi]	ⓑ (미래의) 언젠가
sometime	[sʌ́mtàim]	ⓑ 언젠가
sometimes	[sʌ́mtàimz]	ⓑ 때때로, 때로는
something	[sʌ́mθiŋ]	ⓓ 무엇인가, 어떤 것
somewhere	[sʌ́m*h*wὲə*r*]	ⓑ 어딘가에, 어디론가

기타 등등

suit [suːt] ㊔ (정장) 한 벌
+ case [keis] ㊔ 상자, 용기
= **suitcase** [súːtkèis] ㊔ 여행가방

sight [sait] ㊔ 시각, 광경
+ seeing [síːiŋ] ㊔ 보기, 보는 일
= **sightseeing** [sáitsìːiŋ] ㊔ 관광, 구경

birth [bəːrθ] ㊔ 출생, 탄생
+ day [dei] ㊔ 날(日)
= **birthday** [bə́ːrθdèi] ㊔ 생일

holy [hóuli] ㊕ 신성한, 거룩한
+ day (날(日))
= **holiday** [hɑ́lədèi] ㊔ 휴일, 축(제)일

cross [krɔːs] ⓢ 가로지르다, 건너다 ⓜ 십자가, 교차로
+ walk [wɔːk] ⓢ 걷다 ⓜ 걷기, 산책
= **crosswalk** [krɔ́ːswɔ̀ːk] ⓜ 횡단보도

air [εər] ⓜ 공기, 대기
+ port [pɔːrt] ⓜ 항구, 항구도시
= **airport** [έərpɔ̀ːrt] ⓜ 공항

air (공기, 대기)
+ plane [plein] ⓜ 비행기
= **airplane** [έərplèin] ⓜ 비행기

pass [pæs] ⓜ 통행, 허가 ⓢ 통과하다
+ port [pɔːrt] ⓜ 항구, 항구도시
= **passport** [pǽspɔ̀ːrt] ⓜ 여권

home [houm] ⓜ 가정, 고향
+ town [taun] ⓜ 읍
= **hometown** [hóumtàun] ⓜ 고향

home (가정, 고향)
+ work [wəːrk] ⓜ 일, 작업 ⓢ 일하다
= **homework** [hóumwə̀ːrk] ⓜ 숙제

time [taim] ⓜ 시간, 때
+ table [téibəl] ⓜ 테이블, 탁자
= **timetable** [táimtèibl] ⓜ 시간표

mail [meil] ⓜ 우편 ⓢ 우편물을 붙이다
+ box [bɑks] ⓜ 상자
= **mailbox** [méilbɑ̀ks] ⓜ 우체통

* mailman [méilmən] ⓜ 우편배달부

news [njuːz] ⓜ 뉴스, 소식
+ paper [péipər] ⓜ 종이, 신문
= **newspaper** [njúːzpèipər] ⓜ 신문

post [poust] 명 우편(물) 동 우편물을 붙이다

\+ card [kɑːrd] 명 카드, 놀이딱지

= postcard [póustkɑ̀ːrd] 명 우편엽서

play [plei] 동 경기(연주) 하다, 놀다

\+ ground [graund] 명 땅, 운동장

= playground [pléigràund] 명 운동장, 놀이터

ice [ais] 명 얼음

\+ cream [kriːm] 명 크림

= ice cream [ais kriːm] 명 아이스크림

green [griːn] 형 녹색의, 초록의

\+ house [haus] 명 집

= greenhouse [gríːnhàus] 명 온실

* housewife [háuswàif] 명 주부

goal [goul] 명 골, 목표

\+ keeper [kíːpər] 명 파수꾼, 보호자

= goalkeeper [góulkìːpər] 명 골키퍼, 문지기

butter [bʌ́tər] ㊔ 버터

\+ fly [flai] ㊔ 파리, 날벌레

＊dragonfly [drǽgənflài] ㊔ 잠자리

= **butterfly** [bʌ́tərflài] ㊔ 나비

lady [léidi] ㊔ 여자, 부인

\+ bug [bʌg] ㊔ 작은 벌레

= **ladybug** [léidibʌ̀g] ㊔ 무당벌레

black [blæk] ㊕ 검은, 어두운

\+ board [bɔːrd] ㊔ 널, 판자

= **blackboard** [blǽkbɔ̀ːrd] ㊔ 칠판

broad [brɔːd] ㊕ 폭이 넓은, 광대한

\+ cast [kæst] ㊖ 던지다

= **broadcast** [brɔ́ːdkæ̀st] ㊔ 방송 ㊖ 방송하다

under [ʌ́ndər] 전 ~아래에

+ water [wɔ́:tər] 명 물

= **underwater** [ʌ́ndərwɔ̀:tər] 형 물 속의 명 수중

rain [rein] 명 비

+ bow [bou] 명 활 형 굽은, 활 모양의

= **rainbow** [réinbòu] 명 무지개

sun [sʌn] 명 태양, 햇빛

+ rise [raiz] 동 오르다, 일어서다

= **sunrise** [sʌ́nràiz] 명 해돋이, 일출

sun (태양, 햇빛)

+ set [set] 동 놓다, (해, 달이) 지다, 넘어가다

= **sunset** [sʌ́nsèt] 명 일몰, 해질녘

*sunlight [sʌ́nlàit] 명 햇빛, 일광

*sunshine [sʌ́nʃàin] 명 햇빛, 일광

*sunny [sʌ́ni] 형 화창한, 맑은

Check! Check!

A 영어는 우리말로, 우리말은 영어로 쓰세요.

❶ somebody	______	⓫ 매일의	______
❷ timetable	______	⓬ 비행기	______
❸ football	______	⓭ 숙제	______
❹ holiday	______	⓮ 온실	______
❺ sunlight	______	⓯ 화창한	______
❻ mailbox	______	⓰ 골키퍼	______
❼ airport	______	⓱ 생일	______
❽ toothache	______	⓲ 때때로	______
❾ scholarship	______	⓳ 어디에나	______
❿ hometown	______	⓴ 칠판	______

B 각각의 단어 옆에 알맞은 뜻을 쓰세요.

❶ guide	______	+ book	______	= guidebook	______
❷ base	______	+ ball	______	= baseball	______
❸ bath	______	+ room	______	= bathroom	______
❹ class	______	+ mate	______	= classmate	______
❺ head	______	+ ache	______	= headache	______
❻ cross	______	+ walk	______	= crosswalk	______
❼ news	______	+ paper	______	= newspaper	______
❽ post	______	+ card	______	= postcard	______
❾ rain	______	+ bow	______	= rainbow	______
❿ sun	______	+ rise	______	= sunrise	______
⓫ butter	______	+ fly	______	= butterfly	______
⓬ ice	______	+ cream	______	= ice cream	______
⓭ pass	______	+ port	______	= passport	______
⓮ sight	______	+ seeing	______	= sightseeing	______
⓯ book	______	+ store	______	= bookstore	______

C 가로 열쇠와 세로 열쇠를 보고 단어 퍼즐을 풀어보세요.

가로열쇠 ② 운동장 ③ 무당벌레 ⑤ 바구니 ⑦ 탁자, 테이블 ⑨ 집 ⑬ 우정 ⑭ 날(日) ⑮ 물 ⑯ 침실

세로열쇠 ① 공책 ④ 공 ⑥ 잠자리 ⑧ 카드 ⑩ ~의 아래에 ⑪ 모든 ⑫ 공간

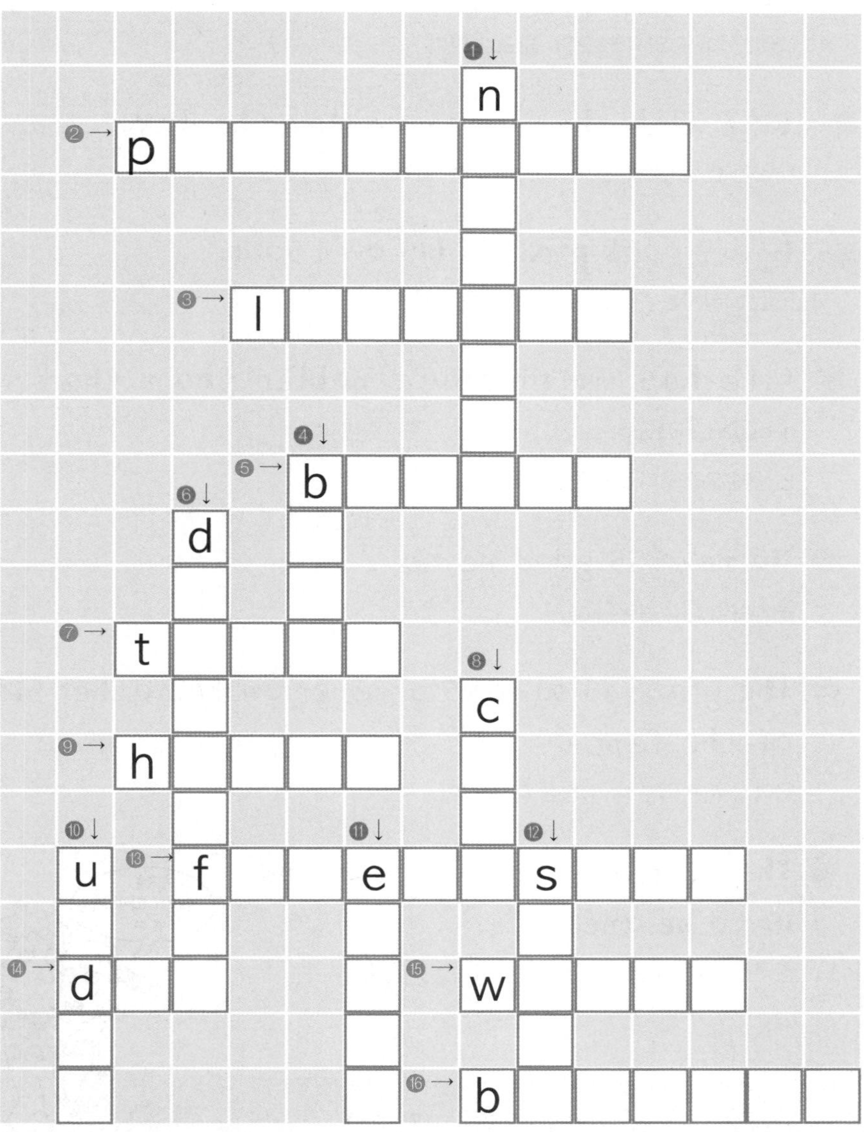

속담으로 다시 보는 영단어

- Books are no better than woods without being opened always.

  책은 펴보지 않으면 나무 조각과 같다.
  (책이 있어도 읽지 않으면, 쓸모가 없다.)

- Rise with the Sun and enjoy the day.

  태양과 함께 (일찍) 일어나서, 하루를 즐겨라.

- Every cook praises his own soup.

  모든 요리사는 자신의 수프(요리)를 칭찬한다.

- Life has no pleasure nobler than that of friendship.

  인생에 우정보다 고귀한 즐거움은 없다.

- No news is good news.

  무소식이 희소식이다.

- The grass is always greener on the other side of the fence.

  울타리 저편의 잔디가 항상 더 푸르다.

- The only way to have a friend is to be one.

  친구를 얻는 유일한 길은 하나가 되는 것이다.

Part 7
우리는 커플! 커플로 외워요

① 서로 짝이 되는 단어

- **man** [mæn] ⓜ 남자, 인간
- **woman** [wúmən] ⓜ 여자, 여성

- **boy** [bɔi] ⓜ 소년
- **girl** [gəːrl] ⓜ 소녀

- **bride** [braid] ⓜ 신부, 새색시
- **(bride)groom** [(bráid)grù(ː)m] ⓜ 신랑, 새신랑

- **husband** [hʌ́zbənd] ⓜ 남편
- **wife** [waif] ⓜ 아내, 부인

- **son** [sʌn] ⓜ 아들, 자식
- **daughter** [dɔ́ːtər] ⓜ 딸

- **father** [fɑ́ːðər] ⓜ 아버지
- **mother** [mʌ́ðər] ⓜ 어머니

- **brother** [brʌ́ðər] ⓜ 형제, 남자형제
- **sister** [sístər] ⓜ 자매, 여자형제

- **grandfather** [grǽndfɑ̀ːðər] ⓜ 할아버지
- **grandmother** [grǽndmʌ̀ðər] ⓜ 할머니

- **grandson** [grǽndsʌ̀n] ⓜ 손자
- **granddaughter** [grǽnddɔ́ːtər] ⓜ 손녀

- **uncle** [ʌ́ŋkəl] ⓜ 아저씨(외삼촌, 고모부, 이모부)
- **aunt** [ænt] ⓜ 아주머니(이모, 숙모, 고모)

- **nephew** [néfjuː] ⓜ 조카, 생질
- **niece** [niːs] ⓜ 조카딸

74th day

- **king** [kiŋ] 명 왕
- **queen** [kwiːn] 명 왕비, 여왕

- **prince** [prins] 명 왕자
- **princess** [prínsis] 명 공주, 왕녀

- **hero** [híːrou] 명 영웅
- **heroine** [hérouin] 명 여걸, 여장부

- **god** [gɑd] 명 하나님, 신
- **goddess** [gɑ́dis] 명 여신

- **waiter** [wéitə*r*] 명 웨이터, 시중드는 사람
- **waitress** [wéitris] 명 웨이트리스, 시중드는 여자

- **hen** [hen] 명 암탉
- **cock** [kɑk] 명 수탉

- **cow** [kau] ⓜ 암소
- **bull** [bul] ⓜ 수소, 황소

- **amateur** [ǽmətʃùər] ⓜ 아마추어
- **professional** [prəféʃənəl] ⓜ 프로, 전문가

- **spoon** [spuːn] ⓜ 숟가락
- **chopstick** [tʃɑ́pstìk] ⓜ 젓가락

- **fork** [fɔːrk] ⓜ 포크
- **knife** [naif] ⓜ 나이프, 칼

- **angel** [éindʒəl] ⓜ 천사
- **devil** [dévl] ⓜ 악마

- **heaven** [hévən] ⓜ 천국, 하늘
- **hell** [hel] ⓜ 지옥, 저승

② 비슷하거나 같은 뜻의 단어

명사

- site [sait] 명 장소, 위치
- place [pleis] 명 장소, 위치

- affair [əfέər] 명 일, 업무
- job [dʒɑb] 명 일, 직업

- climate [kláimit] 명 기후, 풍토
- weather [wéðər] 명 기후, 날씨

- beach [biːtʃ] 명 바닷가, 물가
- shore [ʃɔːr] 명 바닷가, 물가

- corn [kɔːrn] 명 낟알, 옥수수
- grain [grein] 명 낟알, 곡물

- **bean** [biːn] 명 콩
- **pea** [piː] 명 완두, 완두콩

- **habit** [hǽbit] 명 습관, 버릇
- **custom** [kʌ́stəm] 명 관습, 풍습

- **garden** [gɑ́ːrdn] 명 뜰, 마당
- **yard** [jɑːrd] 명 뜰, 마당(안마당)

- **fence** [fens] 명 울타리, 담
- **wall** [wɔːl] 명 벽, 담

- **trousers** [tráuzərz] 명 바지
- **pants** [pænts] 명 바지

- **tree** [triː] 명 나무
- **wood** [wud] 명 나무, 목재

76th day

- **hurt** [həːrt] ⓜ 부상, 상처 ⓗ 다친 ⓓ 다치게 하다
- **wound** [wuːnd] ⓜ 부상, 상처 ⓓ 상처를 입히다

- **example** [igzǽmpl] ⓜ 예, 보기
- **instance** [ínstəns] ⓜ 예, 보기

- **grave** [greiv] ⓜ 무덤
- **tomb** [tuːm] ⓜ 무덤

- **basic** [béisik] ⓜ 기초, 기본 ⓗ 기초의, 기본의
- **foundation** [faundéiʃən] ⓜ 1 창설, 설립, 2 기초, 토대

- **object** [ɑ́bdʒikt] ⓜ 목적, 대상 ⓓ 반대하다
- **purpose** [pə́ːrpəs] ⓜ 목적, 의도

- **trash** [træʃ] ⓜ 쓰레기, 폐물
- **garbage** [gɑ́ːrbidʒ] ⓜ 쓰레기, 음식 찌꺼기
- **waste** [weist] ⓜ 쓰레기, 낭비 ⓓ 낭비하다

- **cap** [kæp] 명 (테 없는) 모자, 뚜껑
- **hat** [hæt] 명 (테가 있는) 모자

- **labor** [léibər] 명 노동자, 노동 동 일하다, 노동하다
- **worker** [wə́ːrkər] 명 노동자

- **fare** [fɛər] 명 요금, 운임
- **charge** [tʃɑːrdʒ] 명 요금, 대가 동 청구하다

- **trip** [trip] 명 (짧은) 여행
- **journey** [dʒə́ːrni] 명 (보통 육상의) 여행

- **plan** [plæn] 명 계획, 플랜 동 계획하다
- **project** [prədʒékt] 명 계획, 설계 동 계획하다

- **road** [roud] ㊔ 길, 도로
- **path** [pæθ] ㊔ 길, 작은 길

- **clock** [klɑk] ㊔ 시계
- **watch** [wɑtʃ] ㊔ 시계 ㊖ 지켜보다

- **liberty** [líbərti] ㊔ 자유
- **freedom** [fríːdəm] ㊔ 자유

- **battle** [bǽtl] ㊔ 전투, 싸움 ㊖ 싸우다
- **fight** [fait] ㊔ 싸움, 전투 ㊖ 싸우다

- **jail** [dʒeil] ㊔ 감옥, 교도소
- **prison** [prízn] ㊔ 감옥, 교도소

- **captain** [kǽptin] ㊖ 보스, 선장
- **chief** [tʃiːf] ㊖ 장, 우두머리 ㊔ 우두머리의, 최고의

- **competition** [kàmpətíʃən] ㊖ 경쟁, 시합
- **contest** [kάntest] ㊖ 경쟁, 경기 ㊐ 겨루다

- **host** [houst] ㊖ 주인, (연회 등의) 주최자
- **master** [mǽstər] ㊖ 주인, 대가 ㊐ 지배하다, 정복하다

- **mankind** [mæ̀nkáind] ㊖ 인류, 인간
- **human** [hjúːmən] ㊖ 인간, 인류 ㊔ 인간의, 인간다운

- **dish** [diʃ] ㊖ (깊은) 접시, 요리
- **plate** [pleit] ㊖ 접시(납작하고 둥근 것)

- **conversation** [kὰnvərséiʃən] ㊖ 대화, 회화
- **dialogue** [dáiəlɔ̀ːg] ㊖ 대화

- **burden** [bə́ːrdn] 명 (무거운) 짐 동 짐을 지우다
- **load** [loud] 명 (무거운) 짐 동 짐을 싣다

- **phone** [foun] 명 전화, 전화기 동 전화를 걸다
- **telephone** [téləfòun] 명 전화, 전화기

- **sum** [sʌm] 명 총액, 합계 동 ~을 합계하다
- **total** [tóutl] 명 총액, 합계 형 합계의 동 합계하다

- **exercise** [éksərsàiz] 명 연습, 운동 동 훈련하다, 연습하다
- **practice** [prǽktis] 명 연습, 실습 동 연습하다, 실습하다

- **worm** [wəːrm] 명 벌레
- **insect** [ínsekt] 명 곤충, 벌레

- **person** [pə́ːrsən] 명 사람, 인간, 인물
- **fellow** [félou] 명 사람, 동료 형 동료의

동사

- **receive** [risíːv] ⑧ 받다, 받아들이다
- **accept** [æksépt] ⑧ 받아들이다

- **defend** [difénd] ⑧ 막다, 방어하다
- **protect** [prətékt] ⑧ 막다, 보호하다

- **shout** [ʃaut] ⑧ 소리치다, 외치다 ⑲ 외침
- **cry** [krai] ⑧ 소리치다, 울부짖다 ⑲ 고함, 울음소리
- **yell** [jel] ⑧ 외치다, 고함치다 ⑲ 고함소리

- **howl** [haul] ⑧ 짖다, 울부짖다
- **bark** [bɑːrk] ⑧ 짖다

- **dress** [dres] ⑧ 옷을 입다 ⑲ 드레스, 정장
- **wear** [wɛər] ⑧ 입다, 착용하다 ⑲ 의복

79th day

- hop [hɑp] ⓢ 뛰다, 깡충 뛰다
- jump [dʒʌmp] ⓢ 뛰다, 도약하다 ⓜ 점프, 뜀

- slip [slip] ⓢ 미끄러지다 ⓜ 미끄러짐, 실수
- slide [slaid] ⓢ 미끄러지다 ⓜ 미끄러짐

- fix [fiks] ⓢ 고정시키다, 고치다
- fasten [fǽsn] ⓢ 묶다, 매다

- happen [hǽpən] ⓢ 일어나다, 우연히 나타나다
- occur [əkə́ːr] ⓢ 일어나다, 생기다

- want [wɔ(ː)nt] ⓢ 원하다, 필요하다
- wish [wiʃ] ⓢ 원하다, 바라다 ⓜ 소원

기타

- **attractive** [ətrǽktiv] ⓗ 매력적인, 사람의 마음을 끄는
- **charming** [tʃɑ́ːrmiŋ] ⓗ 매력적인, 아름다운

- **indeed** [indíːd] ⓑ 정말로, 사실은
- **really** [ríːəli] ⓑ 정말로, 참으로

- **lately** [léitli] ⓑ 요즈음, 최근
- **recently** [ríːsəntli] ⓑ 요즘, 최근에

- **neat** [niːt] ⓗ 깔끔한, 단정한
- **tidy** [táidi] ⓗ 깔끔한, 단정한

- **probably** [prɑ́bəbli] ⓑ 아마, 대개
- **perhaps** [pərhǽps] ⓑ 아마, 혹시
- **maybe** [méibiː] ⓑ 아마, 어쩌면

- **crazy** [kréizi] ⓗ 미친, 열중한
- **mad** [mæd] ⓗ 미친, 열광적인

Check! Check!

A 우리말 뜻을 쓰고, 서로 짝이 되는 단어와 그 뜻을 쓰세요.

❶ son : ______ ↔ ______ : ______
❷ wife : ______ ↔ ______ : ______
❸ king : ______ ↔ ______ : ______
❹ amateur : ______ ↔ ______ : ______
❺ hero : ______ ↔ ______ : ______
❻ spoon : ______ ↔ ______ : ______
❼ cow : ______ ↔ ______ : ______
❽ uncle : ______ ↔ ______ : ______
❾ woman : ______ ↔ ______ : ______
❿ devil : ______ ↔ ______ : ______

B 주어진 우리말을 보고, 비슷하거나 같은 뜻의 두 단어를 쓰세요.

❶ 장소, 위치 : s______ / p______
❷ 계획, 설계 : p______ / p______
❸ 기후, 일기 : c______ / w______
❹ 인류, 인간 : m______ / h______
❺ 옥수수, 낟알 : c______ / g______
❻ 접시, 요리 : d______ / p______
❼ 나무, 목재 : t______ / w______
❽ 원하다, 바라다 : w______ / w______
❾ 경쟁, 시합 : c______ / c______
❿ 곤충, 벌 : w______ / i______
⓫ 옷을 입다 : d______ / w______
⓬ 예, 보기 : e______ / i______
⓭ 깔끔한 : n______ / t______
⓮ 일어나다, 생기다 : h______ / o______
⓯ 막다, 방어하다 : d______ / p______

C 다음 주어진 단어와 비슷한 뜻의 단어를 고르세요.

❶ beach	ⓐ bean	ⓑ place	ⓒ pants	ⓓ shore
❷ garden	ⓐ yard	ⓑ wall	ⓒ fare	ⓓ trash
❸ road	ⓐ sum	ⓑ path	ⓒ dish	ⓓ clock
❹ prison	ⓐ jail	ⓑ yell	ⓒ tidy	ⓓ probably
❺ chief	ⓐ dish	ⓑ liberty	ⓒ watch	ⓓ captain
❻ crazy	ⓐ mad	ⓑ cry	ⓒ shout	ⓓ really
❼ dialogue	ⓐ hurt	ⓑ watch	ⓒ contest	ⓓ conversation
❽ wall	ⓐ site	ⓑ fence	ⓒ garden	ⓓ weather
❾ hurt	ⓐ tomb	ⓑ labor	ⓒ fare	ⓓ wound
❿ exercise	ⓐ fellow	ⓑ accept	ⓒ total	ⓓ practise

D 다음 주어진 두 단어의 공통되는 뜻을 쓰세요.

❶ trousers / pants : ____________________

❷ grave / tomb : ____________________

❸ basic / foundation : ____________________

❹ trash / waste : ____________________

❺ cap / hat : ____________________

❻ fare / charge : ____________________

❼ battle / fight : ____________________

❽ liberty / freedom : ____________________

❾ phone / telephone : ____________________

❿ sum / total : ____________________

⓫ attractive / charming : ____________________

⓬ person / fellow : ____________________

⓭ howl / bark : ____________________

⓮ fix / fasten : ____________________

⓯ lately / recently : ____________________

③ 헷갈리는 단어

단어의 끝이 달라요.

- **lamp** [læmp] ⓜ 등불, 램프
- **lamb** [læm] ⓜ 새끼양

- **apple** [ǽpl] ⓜ 사과
- **apply** [əplái] ⓢ 적용하다, 지원하다

- **calf** [kæf] ⓜ 송아지
- **call** [kɔːl] ⓢ 부르다, 전화하다 ⓜ 부르는 소리, 통화

- **burn** [bəːrn] ⓢ 타다, 태우다
- **bury** [béri] ⓢ 묻다, 매장하다

- **club** [klʌb] ⓜ 클럽, 동호회
- **clue** [kluː] ⓜ 실마리, 단서

- **leap** [liːp] ⓢ 뛰다, 도약하다
- **leaf** [liːf] ⓜ 잎, 나뭇잎

- **flood** [flʌd] ㊐ 홍수, 범람 ㊏ 넘쳐흐르다
- **floor** [flɔːr] ㊐ 마루, 건물의 층

- **coal** [koul] ㊐ 석탄
- **coat** [kout] ㊐ 코트, 외투

- **half** [hæf] ㊐ 반, 절반 ㊖ 절반의
- **hall** [hɔːl] ㊐ 홀, 현관

- **hip** [hip] ㊐ 엉덩이, 히프
- **hit** [hit] ㊏ 때리다, 치다 ㊐ 히트, 타격

- **jam** [dʒæm] ㊐ 잼
- **jar** [dʒɑːr] ㊐ 항아리, 단지

81st day

- **meal** [miːl] ⑲ 식사, 밥
- **meat** [miːt] ⑲ 고기

- **steak** [steik] ⑲ 스테이크, 두껍게 썬 고기
- **steal** [stiːl] ⑤ 훔치다

- **storm** [stɔːrm] ⑲ 폭풍
- **story** [stɔ́ːri] ⑲ 이야기

- **rice** [rais] ⑲ 쌀, 밥
- **ride** [raid] ⑤ 타다, 타고가다

- **towel** [táuəl] ⑲ 타월, 수건
- **tower** [táuər] ⑲ 탑, 타워

- **sigh** [sai] ⑤ 한숨 쉬다 ⑲ 한숨
- **sign** [sain] ⑲ 사인, 신호 ⑤ 사인하다, 신호하다

- roof [ru:f] ⓜ 지붕
- root [ru:t] ⓜ 뿌리, 근원

- wine [wain] ⓜ 포도주
- wing [wiŋ] ⓜ 날개

- find [faind] ⓓ 찾아내다, 발견하다
- fine [fain] ⓗ 좋은, 맑은 ⓜ 벌금

- bus [bʌs] ⓜ 버스
- buy [bai] ⓓ 사다, 구입하다

- toe [tou] ⓜ 발가락
- toy [tɔi] ⓜ 장난감, 완구

82nd day

단어의 중간이 달라요.

- hide [haid] ⓓ 숨다, 감추다
- hike [haik] ⓓ 도보여행하다, 하이킹하다 ⓜ 도보여행, 하이킹

- mark [mɑːrk] ⓜ 표시, 기호 ⓓ 표시하다
- mask [mæsk] ⓜ 마스크, 가면

- nest [nest] ⓜ 둥지, 보금자리
- next [nekst] ⓗ 다음의 ⓑ 다음에, 바로 뒤에

- park [pɑːrk] ⓜ 공원 ⓓ 주차하다
- pack [pæk] ⓜ 꾸러미, 보따리 ⓓ 싸다, 꾸리다

- race [reis] ⓜ 경주, 인종 ⓓ 경주하다
- rate [reit] ⓜ 비율, 속도

- rent [rent] ⓜ 임대료, 사용료 ⓓ 빌리다, 빌려주다
- rest [rest] ⓜ 휴식 ⓓ 쉬다

- shell [ʃel] ⓜ 껍질, 조개
- spell [spel] ⓢ 철자를 쓰다, 해석하다

- fright [frait] ⓜ 공포, 경악
- flight [flait] ⓜ 날기, 비행

- seed [siːd] ⓜ 씨, 씨앗 ⓢ 씨를 뿌리다
- send [send] ⓢ 보내다, 파견하다

- bet [bet] ⓢ 내기에 걸다 ⓜ 내기
- bit [bit] ⓜ 조금, 작은 조각

- rope [roup] ⓜ 로프, 끈
- rose [rouz] ⓜ 장미

83rd day

- **let** [let] ⓢ 시키다, ~하게 하다
- **lot** [lɑt] ⓜ 많음, 다량

- **bell** [bel] ⓜ 벨, 종
- **bill** [bil] ⓜ 계산서, 청구서

- **game** [geim] ⓜ 게임, 경기
- **gaze** [geiz] ⓢ 뚫어지게 보다 ⓜ 주목

- **spill** [spil] ⓢ (피를) 흘리다, (액체, 가루를) 엎지르다
- **still** [stil] ⓑ 여전히, 아직 ⓗ 조용한, 움직이지 않는

- **trick** [trik] ⓜ 속임수, 묘기 ⓢ 속이다
- **truck** [trʌk] ⓜ 트럭, 화물 자동차

- **torch** [tɔːrtʃ] ⓜ 횃불
- **touch** [tʌtʃ] ⓢ 건드리다, 만지다 ⓜ 접촉, 만지기

- **whisker** [*h*wískə*r*] ⓜ 구레나룻
- **whisper** [*h*wíspə*r*] ⓢ 속삭이다 ⓜ 속삭임, 귀엣말

- **suck** [sʌk] ⓢ 빨다, 흡수하다
- **sick** [sik] ⓗ 병든, 아픈

- **beer** [biə*r*] ⓜ 맥주
- **bear** [bɛə*r*] ⓜ 곰

- **stage** [steidʒ] ⓜ 무대, 단계
- **state** [steit] ⓜ 국가, 상태

- **feed** [fiːd] ⓢ 먹이다, 기르다
- **food** [fuːd] ⓜ 음식, 식량

단어의 스펠이 더 붙어요.

- again [əgén] ㊝ 다시
- against [əgénst] ㉄ ~에 반대하여, ~를 향하여

- apart [əpɑ́ːrt] ㊝ 떨어져서, 따로따로
- apartment [əpɑ́ːrtmənt] ㊔ 아파트

- blank [blæŋk] ㊔ 빈, 공백
- blanket [blǽŋkit] ㊔ 담요

- cut [kʌt] ㊍ 자르다, 베다 ㊔ 자르기
- cute [kjuːt] ㊒ 영리한, 귀여운

- add [æd] ㊍ 더하다, 가산하다
- address [ədrés] ㊔ 주소, 연설

- **fair** [fɛər] ⓗ 공평한, 공정한
- **fairy** [fέəri] ⓜ 요정

- **pal** [pæl] ⓜ 친구, 단짝
- **palace** [pǽlis] ⓜ 궁전

- **pill** [pil] ⓜ 알약
- **pillow** [pílou] ⓜ 베개

- **show** [ʃou] ⓜ 구경거리, 전시회 ⓓ 보여주다
- **shower** [ʃáuər] ⓜ 소나기, 샤워

- **child** [tʃaild] ⓜ 아이, 자식
- **childhood** [tʃáildhùd] ⓜ 어린 시절, 유년 시절

- **glass** [glæs] ⓜ 유리, 유리컵
- **glasses** [glǽsiːz] ⓜ 안경

85th day

- **country** [kʌ́ntri] ⓜ 나라, 시골
- **countryside** [kʌntrisáid] ⓜ 시골, 지방

- **ski** [skiː] ⓜ 스키 ⓓ 스키를 타다
- **skin** [skin] ⓜ 피부

- **close** [klouz] ⓓ 닫다, 잠그다 ⓜ 닫기, 잠그기
- **closet** [klάzit] ⓜ 벽장

- **rub** [rʌb] ⓓ 비비다, 문지르다
- **rubber** [rʌ́bə*r*] ⓜ 고무 ⓗ 고무로 된

- **sand** [sænd] ⓜ 모래
- **sandwich** [sǽn*d*witʃ] ⓜ 샌드위치

- **eve** [iːv] ⓜ 전날, 전날 밤
- **evening** [íːvniŋ] ⓜ 저녁, 밤

- evil [íːvəl] ⓜ 악 ⓗ 나쁜
- devil [dévl] ⓜ 악마

- tea [tiː] ⓜ 차, 홍차
- tear [tɛər] ⓜ 눈물 ⓓ 찢다

- scar [skɑːr] ⓜ 상처자국, 흉터
- scare [skɛər] ⓓ 놀라게 하다, 겁나게 하다

86th day

④ 발음은 같지만 철자와 뜻은 달라요.(동음이의어)

[meil]	
■ **mail**	㊔ 우편물, 우편
■ **male**	㊔ 남자, 수컷 ㊛ 남성의

[ænt]	
■ **ant**	㊔ 개미
■ **aunt**	㊔ 아주머니

[rait]	
■ **write**	㊐ (글을) 쓰다
■ **right**	㊛ 옳은, 오른쪽의

[wiːk]	
■ **week**	㊔ 주, 주간
■ **weak**	㊛ 약한, 연약한

[miːt]	
■ **meet**	㊐ 만나다, 마주치다
■ **meat**	㊔ 고기

[sait]	
■ **sight**	ⓜ 시력, 광경
■ **site**	ⓜ 장소, 위치

[áuə*r*]	
■ **hour**	ⓜ 시간, 시
■ **our**	ⓓ 우리의, 우리들의

[wud]	
■ **wood**	ⓜ 나무, 목재
■ **would**	ⓙ ~ 할 것이다 (will의 과거)

[piːs]	
■ **peace**	ⓜ 평화
■ **piece**	ⓜ 조각, 단편

[wʌn]	
■ **one**	ⓗ 하나의, 한 사람의
■ **won**	ⓓ win(이기다) 의 과거, 과거분사

87th day

[njuː]	■ **new** ⓗ 새로운 ■ **knew** ⓓ know(알다)의 과거

[siːn]	■ **scene** ⓜ 장면, 경치 ■ **seen** ⓓ see(보다)의 과거분사

[hai]	■ **hi** ⓖ 안녕(하세요), 어이 ■ **high** ⓗ 높은

[diə*r*]	■ **dear** ⓗ 사랑스러운, 귀여운 ■ **deer** ⓜ 사슴

[houl]	■ **hole** ⓜ 구멍, 틈 ■ **whole** ⓜ 전체, 전부 ⓗ 전체의, 전부의

[flauər]	■ **flour** ⓜ 밀가루 ■ **flower** ⓜ 꽃

[sʌm]	■ **some** ⓗ 어떤, 얼마간의 ■ **sum** ⓜ 총액, 합계

[ruːt]	■ **route** ⓜ 길, 도로 ■ **root** ⓜ 뿌리, 근원

Check! Check!

A 영어는 우리말로, 우리말은 영어로 쓰세요.

❶ burn	________	⓫ 새로운	________
❷ find	________	⓬ 장난감	________
❸ sigh	________	⓭ 훔치다	________
❹ toe	________	⓮ 둥지	________
❺ steak	________	⓯ 매장하다	________
❻ roof	________	⓰ 기호, 신호	________
❼ next	________	⓱ 정육면체	________
❽ whisker	________	⓲ 건드리다	________
❾ torch	________	⓳ 여전히	________
❿ spill	________	⓴ 속삭이다	________

B 주어진 단어에 알맞은 우리말을 골라, 그 번호를 빈칸에 쓰세요.

❶ lamp	______	lamb	______	ⓐ 등불	ⓑ 날개	ⓒ 새끼양
❷ flood	______	floor	______	ⓐ 홍수	ⓑ 공원	ⓒ 마루, 바닥
❸ hip	______	hit	______	ⓐ 밧줄	ⓑ 엉덩이	ⓒ 때리다
❹ rice	______	ride	______	ⓐ 쌀	ⓑ 장미	ⓒ 타다
❺ trick	______	truck	______	ⓐ 트럭	ⓑ 나무	ⓒ 속임수
❻ food	______	feed	______	ⓐ 실	ⓑ 음식	ⓒ먹이다
❼ hide	______	hike	______	ⓐ 숨다	ⓑ 높은	ⓒ 도보여행하다
❽ fright	______	flight	______	ⓐ 비행	ⓑ 공포	ⓒ 튀기다
❾ send	______	seed	______	ⓐ 보내다	ⓑ 씨, 씨앗	ⓒ 판매하다
❿ storm	______	story	______	ⓐ 가게	ⓑ 폭풍	ⓒ 이야기
⓫ tower	______	towel	______	ⓐ 탑	ⓑ 수건	ⓒ 던지다
⓬ wine	______	wing	______	ⓐ 바람	ⓑ 날개	ⓒ 포도주
⓭ jam	______	jar	______	ⓐ 잼	ⓑ 뛰다	ⓒ 항아리
⓮ meal	______	meat	______	ⓐ 고기	ⓑ 식사	ⓒ 만나다
⓯ leap	______	leaf	______	ⓐ 잎	ⓑ 떠나다	ⓒ 도약하다

C 우리말 뜻에 맞도록 빈칸에 알맞은 알파벳을 쓰세요.

1. ⓐ 동호회 : c l u ☐ ⓑ 실마리 : c l u ☐
2. ⓐ 사과 : a p p l ☐ ⓑ 적용하다 : a p p l ☐
3. ⓐ 외투 : c o a ☐ ⓑ 석탄 : c o a ☐
4. ⓐ 절반 : h a l ☐ ⓑ 현관 : h a l ☐
5. ⓐ 기호 : m a ☐ k ⓑ 가면 : m a ☐ k
6. ⓐ 경주 : r a ☐ e ⓑ 비율 : r a ☐ e
7. ⓐ 벨, 종 : b ☐ l l ⓑ 계산서 : b ☐ l l
8. ⓐ 무대 : s t a ☐ e ⓑ 국가 : s t a ☐ e
9. ⓐ ~하게 하다: l ☐ t ⓑ 많음, 다량 : l ☐ t
10. ⓐ 껍질 : s ☐ e l l ⓑ 철자를 쓰다 : s ☐ e l l

D 동음이의어의 뜻을 쓰세요.

1. ⓐ hour ________ ⓑ our ________
2. ⓐ right ________ ⓑ write ________
3. ⓐ mail ________ ⓑ male ________
4. ⓐ site ________ ⓑ sight ________
5. ⓐ some ________ ⓑ sum ________
6. ⓐ scene ________ ⓑ seen ________
7. ⓐ weak ________ ⓑ week ________
8. ⓐ flour ________ ⓑ flower ________
9. ⓐ dear ________ ⓑ deer ________
10. ⓐ peace ________ ⓑ piece ________
11. ⓐ meet ________ ⓑ meat ________
12. ⓐ wood ________ ⓑ would ________
13. ⓐ one ________ ⓑ won ________
14. ⓐ ant ________ ⓑ aunt ________
15. ⓐ hole ________ ⓑ whole ________

속담으로 다시 보는 영단어

- **Father hands down, son hands down.**
  부전자전(父傳子傳)

- **He can't see the forest for the trees.**
  사람들은 숲에서 나무를 보지 못한다. (큰 것을 보고 있으면, 작고 세세한 것은 보지 못한다.)

- **Sorrow is laughter's daughter.**
  슬픔은 웃는 자의 딸이다.

- **The mind makes heaven of hell and hell of heaven.**
  생각에 따라 지옥이 천국이 되고 천국이 지옥이 되기도 한다.
  (모든 일은 마음가짐에 달려 있다.)

- **Talk of the devil, and he is bound to appear.**
  악마 얘기를 하면, 악마가 나타난다.(호랑이도 제 말하면 온다.)

- **Old habits die hard.**
  묵은 습관은 버리기 어렵다.

- **A woman's tongue is only three inches long, but it can kill a man six feet high.**
  여성의 혀는 3인치밖에 안되지만, 6피트의 남성을 죽일 수도 있다.
  (여자의 말 한마디가 덩치 큰 남자를 죽일 수도 있다.)

Part 8
아니, 이 단어가 이렇게 변해?

① 명사가 형용사로 변해요.

발음은 -y가 붙어 형용사가 되어요.

- **luck** [lʌk] 명 운, 행운
- **lucky** [lʌ́ki] 형 행운의

- **wealth** [welθ] 명 부, 재산
- **wealthy** [wélθi] 형 부유한, 넉넉한

- **salt** [sɔːlt] 명 소금
- **salty** [sɔ́ːlti] 형 짠, 소금기가 있는

- **cloud** [klaud] 명 구름, 흐림
- **cloudy** [kláudi] 형 흐린, 구름이 낀

- **silk** [silk] 명 비단
- **silky** [sílki] 형 비단 같은, 보드라운

- **rain** [rein] 명 비 동 비가 오다
- **rainy** [réini] 형 비가 오는

기타

- **snow** [snou] ⓜ 눈 ⓢ 눈이 오다
- **snowy** [snóui] ⓐ 눈이 내리는

- **fog** [fɔ(ː)g] ⓜ 안개
- **foggy** [fɔ́(ː)gi] ⓐ 안개가 낀

- **fun** [fʌn] ⓜ 재미, 즐거움 ⓐ 재미있는
- **funny** [fʌ́ni] ⓐ 재미있는, 익살맞은

- **wind** [wind] ⓜ 바람
- **windy** [windi] ⓐ 바람이 부는, 바람이 센

- **shine** [ʃain] ⓜ 빛 ⓢ 빛나다
- **shiny** [ʃáini] ⓐ 햇볕이 밝은, 빛나는

명사의 -ce가 없어지고 -t가 붙어 형용사가 되어요.

- **presence** [prézəns] 명 출석, 참석
- **present** [prézənt] 형 출석한, 참석의 명 현재

- **absence** [ǽbsəns] 명 결석, 부재
- **absent** [ǽbsənt] 형 결석한, 없는

- **distance** [dístəns] 명 거리, 간격
- **distant** [dístənt] 형 먼, 떨어진

- **silence** [sáiləns] 명 침묵, 조용함
- **silent** [sáilənt] 형 침묵하는, 조용한

- **patience** [péiʃəns] 명 인내, 참을성
- **patient** [péiʃənt] 형 참을성 있는, 인내심이 강한

명사의 -ful이 붙어 형용사가 되어요.

- **color** [kʌ́lər] 명 색, 빛깔
- **colorful** [kʌ́lərfəl] 형 다채로운, 색채가 풍부한

- **wonder** [wʌ́ndər] 명 놀라움, 불가사의 동 놀라다
- **wonderful** [wʌ́ndərfəl] 형 굉장한, 훌륭한

- **help** [help] 명 도움 동 돕다
- **helpful** [hélpfəl] 형 도움이 되는, 유용한

- **harm** [hɑːrm] 명 해, 손해
- **harmful** [hɑ́ːrmfəl] 형 해로운, 해가 되는

- **pain** [pein] 명 아픔, 고통
- **painful** [péinfəl] 형 아픈, 괴로운

- **power** [páuər] 명 힘, 능력
- **powerful** [páuərfəl] 형 강한, 강력한

- **success** [səksés] 명 성공
- **successful** [səksésfəl] 형 성공한

- **cheer** [tʃiər] 명 환호, 갈채 동 갈채를 보내다, 응원하다
- **cheerful** [tʃíərfəl] 형 기분 좋은, 기운찬

명사의 -al이 붙어 형용사가 되어요.

- **classic** [klǽsik] 명 고전
- **classical** [klǽsikəl] 형 고전적인

- **monument** [mɑ́njəmənt] 명 기념비, 기념물
- **monumental** [mɑ̀njəméntl] 형 기념의, 불멸의

- **nation** [néiʃən] 명 국가, 국민
- **national** [nǽʃənəl] 형 국민의, 국가의

- **medicine** [médəsən] 명 약, 먹는 약
- **medical** [médikəl] 형 의학의, 의술의

- **center** [séntər] 명 중심지, 중앙
- **central** [séntrəl] 형 중심의, 중앙의

- **culture** [kʌ́ltʃər] 명 문화, 교양
- **cultural** [kʌ́ltʃərəl] 형 문화의, 교양의

- **history** [hístəri] 명 역사
- **historical** [histɔ́(ː)rikəl] 형 역사의, 역사적인

- **tradition** [trədíʃən] 명 전통, 전설
- **traditional** [trədíʃənəl] 형 전통의, 관습의

- **society** [səsáiəti] 명 사회, 협회
- **social** [sóuʃəl] 형 사회적인, 사교계의

배웠던 단어가 -ful, -ly, -by가 붙어 형용사가 되어요.

- **peace** [piːs] 명 평화
- **peaceful** [píːsfəl] 형 평화스러운

- **doubt** [daut] 동 의심하다 명 의심
- **doubtful** [dáutfəl] 형 의심스러운

- **love** [lʌv] 동 사랑하다 명 사랑
- **lovely** [lʌ́vli] 형 사랑스러운, 귀여운

- **near** [niər] 형 가까운 부 가까이
- **nearby** [níərbài] 형 가까운, 가까이의 부 가까이에

동사의 앞에 a-가 붙어 형용사가 되어요.

- **wake** [weik] ㉠ 잠을 깨다, 일어나다
- **awake** [əwéik] ㉯ 깨어 있는 ㉠ 깨우다

- **like** [laik] ㉠ 좋아하다
- **alike** [əláik] ㉯ 서로 같은, 비슷한 ㉮ 똑같이

- **live** [liv] ㉠ 살다
- **alive** [əláiv] ㉯ 살아 있는

- **sleep** [sli:p] ㉠ 잠자다 ㉡ 잠
- **asleep** [əslí:p] ㉯ 잠들어 있는

② 형용사가 부사로 변해요.

형용사의 뒤에 -ly가 붙어서 부사가 되어요.

- **real** [ríːəl] 형 진실의, 정말의
- **really** [ríːəli] 부 실제로, 현실로

- **certain** [sə́ːrtən] 형 확실한, 어떤
- **certainly** [sə́ːrtənli] 부 확실히, 꼭

- **clear** [kliər] 형 맑은, 분명한 부 분명히
- **clearly** [klíərli] 부 맑게, 분명히

- **sure** [ʃuər] 형 틀림없는, 확실한 부 틀림없이, 확실히
- **surely** [ʃúərli] 부 확실히, 틀림없이

- **free** [friː] 형 한가한, 자유로운
- **freely** [fríːli] 부 자유롭게, 무료로

- **loud** [laud] ⓗ 시끄러운, 큰
- **loudly** [láudli] ⓑ 시끄럽게, 큰 소리로

- **quiet** [kwáiət] ⓗ 조용한, 은밀한
- **quietly** [kwáiətli] ⓑ 조용히, 은밀히

- **final** [fáinəl] ⓗ 마지막의, 최후의 ⓜ 결승전
- **finally** [fáinəli] ⓑ 마지막으로, 마침내

- **quick** [kwik] ⓗ 빠른 ⓑ 빨리
- **quickly** [kwíkli] ⓑ 빨리, 급히

- **near** [niər] ⓗ 가까운 ⓑ 가까이
- **nearly** [níərli] ⓑ 거의, 밀접하게

- **simple** [símpl] ⓗ 단순한, 검소한
- **simply** [símpli] ⓑ 단순히, 검소하게, 솔직히

- **especial** [ispéʃəl] ⓗ 특별한
- **especially** [ispéʃəli] ⓑ 특히

- **sudden** [sʌ́dn] ⓗ 갑작스러운, 돌연한
- **suddenly** [sʌ́dnli] ⓑ 갑자기

- **exact** [igzǽkt] ⓗ 정확한
- **exactly** [igzǽktli] ⓑ 정확하게

- **actual** [ǽktʃuəl] ⓗ 실제의, 현실의
- **actually** [ǽktʃuəli] ⓑ 실제로, 사실은

- **usual** [júːʒuəl] ⓗ 보통의, 평범한
- **usually** [júːʒuəli] ⓑ 보통, 일반적으로

- **wise** [waiz] ⓗ 슬기로운, 영리한
- **wisely** [wáizli] ⓑ 슬기롭게, 현명하게

- **slow** [slou] ㊊ 느린 ㊌ 늦게
- **slowly** [slóuli] ㊌ 느리게, 천천히

- **deep** [diːp] ㊊ 깊은 ㊌ 깊게
- **deeply** [díːpli] ㊌ 깊이

- **wide** [waid] ㊊ 넓은 ㊌ 널리
- **widely** [wáidli] ㊌ 넓게, 크게

- **bad** [bæd] ㊊ 나쁜
- **badly** [bǽdli] ㊌ 나쁘게, 몹시

- **careful** [kέərfəl] ㊊ 주의 깊은
- **carefully** [kέərfəli] ㊌ 주의 깊게

Check! Check!

A 영어는 우리말로, 우리말은 영어로 쓰세요.

❶ silk ______________
❷ fun ______________
❸ distance ______________
❹ medicine ______________
❺ slow ______________
❻ quick ______________
❼ doubt ______________
❽ clear ______________
❾ free ______________
❿ wise ______________
⓫ 의학의 ______________
⓬ 느리게 ______________
⓭ 현명하게 ______________
⓮ 문화의 ______________
⓯ 비단 같은 ______________
⓰ 재미있는 ______________
⓱ 먼, 떨어진 ______________
⓲ 의심스러운 ______________
⓳ 자유롭게 ______________
⓴ 맑게, 분명히 ______________

B 우리말 뜻을 쓰고, 형용사로 바꾼 후 그 뜻도 함께 쓰세요.

❶ salt : ______________ → ______________ : ______________
❷ fog : ______________ → ______________ : ______________
❸ color : ______________ → ______________ : ______________
❹ harm : ______________ → ______________ : ______________
❺ pain : ______________ → ______________ : ______________
❻ silence : ______________ → ______________ : ______________
❼ classic : ______________ → ______________ : ______________
❽ presence : ______________ → ______________ : ______________
❾ history : ______________ → ______________ : ______________
❿ center : ______________ → ______________ : ______________
⓫ absence : ______________ → ______________ : ______________
⓬ power : ______________ → ______________ : ______________
⓭ cloud : ______________ → ______________ : ______________
⓮ luck : ______________ → ______________ : ______________
⓯ tradition : ______________ → ______________ : ______________

C -y, -ful, -al, 등은 명사를 형용사로 만드는 대표적인 접미어입니다. 다음 중에서 접미어가 잘못 연결된 것을 고르세요.

❶ ⓐ wind → windy ⓑ rain → rainy
ⓒ shine → shiny ⓓ success → successy

❷ ⓐ help → helpful ⓑ snow → snowful
ⓒ color → colorful ⓓ wonder → wonderful

❸ ⓐ harm → harmal ⓑ center → central
ⓒ culture → cultural ⓓ history → historical

D 우리말 뜻을 쓰고, 부사로 바꾼 후 그 뜻도 함께 쓰세요.

❶ near : ______ → ______ : ______
❷ free : ______ → ______ : ______
❸ awful : ______ → ______ : ______
❹ simple : ______ → ______ : ______
❺ exact : ______ → ______ : ______
❻ usual : ______ → ______ : ______
❼ sudden : ______ → ______ : ______
❽ especial : ______ → ______ : ______
❾ certain : ______ → ______ : ______
❿ loud : ______ → ______ : ______
⓫ quiet : ______ → ______ : ______
⓬ final : ______ → ______ : ______
⓭ bad : ______ → ______ : ______
⓮ careful : ______ → ______ : ______
⓯ actual : ______ → ______ : ______

속담으로 다시 보는 영단어

All is luck or illluck in this world.

세상일이란 모두 행복한 일 아니면 불행한 일이다.

You can't seek Lady Luck; Lady Luck seeks you.

당신이 행운의 여신을 찾는 것이 아니라, 오히려 행운의 여신이 당신을 찾는다.

No life without pain.

고통이 따르지 않는 인생은 없다.

Slow help is no help.

느리게 도와주는 것은 돕지 않는 것이다.

Soon ripe, soon rotten; soon wise, soon foolish.

빨리 익으면 빨리 썩고, 빨리 철들면 빨리 어리석어진다.

The best things in life are free.

인생에서 최고의 것은 자유다.

The used key is always bright.

쓰던 열쇠는 항상 반짝인다. (구슬이 서말이라도 꿰어야 보배.)

Part 9
잡동사니 단어

94th day

① 나라 +국민

나라와 국민: -an이 붙어요.

- **Korea** [kourí:ə] ⓜ 한국
- **Korean** [kərí:ən] ⓗ 한국(인)의, 한국어의 ⓜ 한국인, 한국어

- **America** [əmérikə] ⓜ 미국, 아메리카
- **American** [əmérikən] ⓗ 미국(인)의 ⓜ 미국인

- **Italy** [ítəli] ⓜ 이탈리아
- **Italian** [itǽljən] ⓗ 이탈리아(인)의, 이탈리아어의 ⓜ 이탈리아인, 이탈리아어

- **Canada** [kǽnədə] ⓜ 캐나다
- **Canadian** [kənéidiən] ⓗ 캐나다(인)의 ⓜ 캐나다인

- **Mexico** [méksikòu] ⓜ 멕시코
- **Mexican** [méksikən] ⓗ 멕시코(인)의 ⓜ 멕시코인, 멕시코

- Russia [rʌ́ʃə] 명 러시아
- Russian [rʌ́ʃən] 형 러시아(인)의, 러시아어의 명 러시아인, 러시아어

- India [índiə] 명 인도
- Indian [índiən] 형 인도(인)의 명 인도인, 인도어

- Austria [ɔ́:striə] 명 오스트리아
- Austrian [ɔ́:striən] 형 오스트리아(인)의 명 오스트리아인

- Australia [ɔ:stréiljə] 명 오스트레일리아, 호주
- Australian [ɔ:stréiljən] 형 호주(인)의 명 호주인

- Brazil [brəzíl] 명 브라질
- Brazilian [brəzíljən] 형 브라질(인)의 명 브라질인

- Egypt [í:dʒipt] 명 이집트
- Egyptian [i:dʒípʃən] 형 이집트(인)의, 이집트어의 명 이집트인

나라와 국민: -ese가 붙어요.

- **China** [tʃáinə] 명 중국
- **Chinese** [tʃainíːz] 형 중국(인)의, 중국어의 명 중국인, 중국어

- **Japan** [dʒəpǽn] 명 일본
- **Japanese** [dʒæ̀pəníːz] 형 일본(인)의, 일본어의
  명 일본사람, 일본어

- **Vietnam** [viètnáːm] 명 베트남
- **Vietnamese** [viètnəmíːz] 형 베트남(인)의, 베트남어의
  명 베트남인, 베트남어

- **Taiwan** [táiwáːn] 명 대만
- **Taiwanese** [tàiwɑːníːz] 형 대만(인)의 명 대만인

- **Portugal** [pɔ́ːrtʃəgəl] 명 포르투갈
- **Portuguese** [pɔ̀ːrtʃəgíːz] 형 포르투갈(인)의, 포르투갈어의
  명 포르투갈인, 포르투갈어

다양하게 변해요.

- **England** [íŋglənd] ⓜ 영국, 잉글랜드
- **English** [íŋgliʃ] ⓗ 영국의 ⓜ 영어

*Englishman [íŋgliʃmən] ⓜ 영국인

- **Spain** [spein] ⓜ 스페인
- **Spanish** [spǽniʃ] ⓗ 스페인(인)의 ⓜ 스페인인, 스페인어

- **France** [fræns] ⓜ 프랑스
- **French** [frentʃ] ⓗ 프랑스의 ⓜ 프랑스인, 프랑스어

- **Greece** [griːs] ⓜ 그리스
- **Greek** [griːk] ⓗ 그리스(인)의, 그리스어의 ⓜ 그리스인, 그리스어

- **Germany** [dʒə́ːrməni] ⓜ 독일
- **German** [dʒə́ːrmən] ⓗ 독일의 ⓜ 독일사람, 독일어

② 세트로 배워요.

시간

■ **time** [taim] ⓜ 때, 시간

■ **moment** [móumənt] ⓜ 순간, 찰나

■ **second** [sékənd] ⓜ 초, 매우 짧은 시간

■ **minute** [mínit] ⓜ 분, 순간

■ **hour** [áuər] ⓜ 시간, 시

■ **day** [dei] ⓜ 날, 하루

■ **week** [wiːk] ⓜ 주, 주간

■ **weekend** [wíːkènd] ⓜ 주말

■ **month** [mʌnθ] ⓜ (한)달, 월(月)

■ **year** [jiər] ⓜ 년(年), 해

■ **century** [séntʃuri] ⓜ 1 세기, 백 년

■ **period** [píəriəd] ⓜ 기간, 시대

요일

■ **Monday** [mʌ́ndi] ⓜ 월요일

■ **Tuesday** [tjúːzdi] ⓜ 화요일

■ **Wednesday** [wénzdi] ⓜ 수요일

■ **Thursday** [θə́ːrzdi] ⓜ 목요일

■ **Friday** [fráidi] ⓜ 금요일

■ **Saturday** [sǽtərdi] ⓜ 토요일

■ **Sunday** [sʌ́ndi] ⓜ 일요일

■ **today** [tədéi] ⓑ 오늘, 오늘날

■ **yesterday** [jéstərdei] ⓑ 어제

■ **tomorrow** [təmɔ́ːrou] ⓑ 내일

97th day

월(月)

- **January** [dʒǽnjuèri] ⓜ 1월
- **February** [fébruèri] ⓜ 2월
- **March** [mɑːrtʃ] ⓜ 3월
- **April** [éiprəl] ⓜ 4월
- **May** [mei] ⓜ 5월
- **June** [dʒuːn] ⓜ 6월
- **July** [dʒuːlái] ⓜ 7월
- **August** [ɔ́ːgəst] ⓜ 8월
- **September** [septémbər] ⓜ 9월
- **October** [ɑktóubər] ⓜ 10월
- **November** [nouvémbər] ⓜ 11월
- **December** [disémbər] ⓜ 12월

시간대 표현

■ **dawn** [dɔːn] ⓜ 새벽, 동틀 녘 ⓢ 날이 새다

■ **morning** [mɔ́ːrniŋ] ⓜ 오전

■ **afternoon** [æ̀ftərnúːn] ⓜ 오후

■ **evening** [íːvniŋ] ⓜ 저녁

■ **noon** [nuːn] ⓜ 정오, 낮 12시

■ **midnight** [mídnàit] ⓜ 한밤중, 밤12시

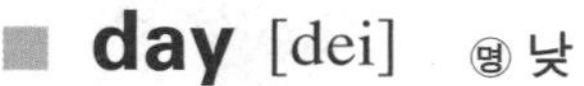

■ **day** [dei] ⓜ 낮

■ **night** [nait] ⓜ 밤, 저녁 ⓗ 밤의

■ **a.m.(A.M.)** 오전

■ **p.m.(P.M.)** 오후

98th day

식사

- **meal** [miːl] 명 식사, 식사 시간
- **breakfast** [brékfəst] 명 아침 식사
- **lunch** [lʌntʃ] 명 점심 식사
- **dinner** [dínər] 명 저녁 식사
- **supper** [sʌ́pər] 명 저녁 식사, 만찬

계절

- **season** [síːzən] 명 계절
- **spring** [spriŋ] 명 봄
- **summer** [sʌ́mər] 명 여름
- **fall** [fɔːl] 명 가을
- **autumn** [ɔ́ːtəm] 명 가을
- **winter** [wíntər] 명 겨울

색깔

- **black** [blæk] ⓗ 검은색의 ⓜ 검정색
- **blue** [bluː] ⓗ 파란색의 ⓜ 파랑
- **brown** [braun] ⓗ 갈색의 ⓜ 갈색
- **gray** [grei] ⓗ 회색의 ⓜ 회색
- **green** [griːn] ⓗ 녹색의 ⓜ 녹색
- **orange** [ɔ́(ː)rindʒ] ⓗ 오렌지색의 ⓜ 오렌지색
- **pink** [piŋk] ⓗ 분홍색의 ⓜ 분홍색
- **red** [red] ⓗ 빨간색의 ⓜ 빨강색
- **white** [*h*wait] ⓗ 흰색의 ⓜ 흰색
- **yellow** [jélou] ⓗ 노란색의 ⓜ 노란색

방향

- **direction** [dirékʃən] ⓜ 방향, 방위
- **east** [iːst] ⓜ 동쪽 ⓗ 동쪽의
- **west** [west] ⓜ 서쪽 ⓗ 서쪽의
- **north** [nɔːrθ] ⓜ 북쪽 ⓗ 북쪽의
- **south** [sauθ] ⓜ 남쪽 ⓗ 남쪽의

숫자(기수) : 1에서 10까지

- **one** [wʌn] ⓜ 1, 하나 ⓗ 1(개)의
- **two** [tuː] ⓜ 2, 둘 ⓗ 2(개)의
- **three** [θriː] ⓜ 3, 셋 ⓗ 3(개)의
- **four** [fɔːr] ⓜ 4, 넷 ⓗ 4(개)의
- **five** [faiv] ⓜ 5, 다섯 ⓗ 5(개)의
- **six** [siks] ⓜ 6, 여섯 ⓗ 6(개)의
- **seven** [sévən] ⓜ 7, 일곱 ⓗ 7(개)의
- **eight** [eit] ⓜ 8, 여덟 ⓗ 8(개)의
- **nine** [nain] ⓜ 9, 아홉 ⓗ 9(개)의
- **ten** [ten] ⓜ 10, 열 ⓗ 10(개)의

11에서 13까지

- **eleven** [ilévən] ⓜ 11 ⓗ 11(개)의
- **twelve** [twelv] ⓜ 12 ⓗ 12(개)의
- **thirteen** [θə́ːrtíːn] ⓜ 13 ⓗ 13(개)의

14~19는 4~9에 -teen이 붙어요.

- **fourteen** [fɔ́ːrtíːn] 명 14 형 14(개)의
- **fifteen** [fíftíːn] 명 15 형 15(개)의
- **sixteen** [sìkstíːn] 명 16 형 16(개)의
- **seventeen** [sévəntíːn] 명 17 형 17(개)의
- **eighteen** [éitíːn] 명 18 형 18(개)의
- **nineteen** [náintíːn] 명 19 형 19(개)의

20, 30, … 90 : -ty가 붙어요.

- **twenty** [twénti] 명 20 형 20(개)의
- **thirty** [θə́ːrti] 명 30 형 30(개)의
- **forty** [fɔ́ːrti] 명 40 형 40(개)의
- **fifty** [fífti] 명 50 형 50(개)의
- **sixty** [síksti] 명 60 형 60(개)의
- **seventy** [sévənti] 명 70 형 70(개)의
- **eighty** [éiti] 명 80 형 80(개)의
- **ninety** [náinti] 명 90 형 90(개)의
- **hundred** [hʌ́ndrəd] 명 100 형 100개의

숫자(서수) : 1에서 10까지

second

- **first** [fəːrst] ⓜ 1번째 ⓗ 첫째의
- **second** [sékənd] ⓜ 2번째 ⓗ 제2의
- **third** [θəːrd] ⓜ 3번째 ⓗ 제3의
- **fourth** [fɔːrθ] ⓜ 4번째 ⓗ 제4의
- **fifth** [fifθ] ⓜ 5번째 ⓗ 제5의
- **sixth** [siksθ] ⓜ 6번째 ⓗ 제6의
- **seventh** [sévənθ] ⓜ 7번째 ⓗ 제7의
- **eighth** [eitθ] ⓜ 8번째 ⓗ 제8의
- **ninth** [nainθ] ⓜ 9번째 ⓗ 제9의
- **tenth** [ténθ] ⓜ 10번째 ⓗ 제10의

숫자(서수) : 11이상의 서수는 기수에 –th를 붙여요.

- **eleventh** [ilévənθ] ⓜ 11번째 ⓗ 제11의
- **twelfth** [twelfθ] ⓜ 12번째 ⓗ 제12의
- **thirteenth** [θə́ːrtíːnθ] ⓜ 13번째 ⓗ 제13의

- **fourteenth** [fɔ́ːrtíːnθ] ⓜ 14번째 ⓗ 제14의
- **fifteenth** [fíftíːnθ] ⓜ 15번째 ⓗ 제15의
- **sixteenth** [sìkstíːnθ] ⓜ 16번째 ⓗ 제16의
- **seventeenth** [sévəntíːnθ] ⓜ 17번째 ⓗ 제17의
- **eighteenth** [éitíːnθ] ⓜ 18번째 ⓗ 제18의
- **nineteenth** [náintíːnθ] ⓜ 19번째 ⓗ 제19의
- **twentieth** [twéntiiθ] ⓜ 20번째 ⓗ 제20의
- **thirtieth** [θə́ːrtiiθ] ⓜ 30번째 ⓗ 제30의
- **fortieth** [fɔ́ːrtiiθ] ⓜ 40번째 ⓗ 제40의
- **fiftieth** [fíftiiθ] ⓜ 50번째 ⓗ 제50의
- **sixtieth** [síkstiiθ] ⓜ 60번째 ⓗ 제60의
- **seventieth** [sévəntiiθ] ⓜ 70번째 ⓗ 제70의
- **eightieth** [éitiiθ] ⓜ 80번째 ⓗ 제80의
- **ninetieth** [náintiiθ] ⓜ 90번째 ⓗ 제90의
- **hundredth** [hʌ́ndrədθ] ⓜ 100번째 ⓗ 제100의

Check! Check!

A 영어는 우리말로, 우리말은 영어로 쓰세요.

❶ moment	______	⓫ 년(年), 해	______
❷ century	______	⓬ 내일	______
❸ Thursday	______	⓭ 주말	______
❹ dawn	______	⓮ 식사	______
❺ May	______	⓯ 흰색	______
❻ season	______	⓰ 겨울	______
❼ tomorrow	______	⓱ 9월	______
❽ March	______	⓲ 북쪽	______
❾ south	______	⓳ 갈색의	______
❿ gray	______	⓴ 한밤중	______

B 우리말 뜻을 쓰고, 그 나라 국민을 뜻하는 영어를 쓰세요.

❶ Canada : ______ → ______

❷ Korea : ______ → ______

❸ Japan : ______ → ______

❹ Germany : ______ → ______

❺ America : ______ → ______

❻ France : ______ → ______

❼ Mexico : ______ → ______

❽ Brazil : ______ → ______

❾ Greece : ______ → ______

❿ China : ______ → ______

⓫ Italy : ______ → ______

⓬ India : ______ → ______

⓭ Vietnam : ______ → ______

⓮ Spain : ______ → ______

⓯ Russia : ______ → ______

C 다음 표의 빈칸을 채우세요.

기수	의미	서수	의미
one	1	first	1번째
	2		2번째
	3		3번째
	4		4번째
	5		5번째
six	6		6번째
	7		7번째
	8		8번째
	9		9번째
	10	tenth	10번째
eleven	11		11번째
	12		12번째
	13		13번째
	14		14번째
fifteen	15		15번째
	16	sixteenth	16번째
	17		17번째
	18		18번째
	19		19번째
	20	twentieth	20번째
	30		30번째
	50		50번째
	100		100번째

부록 1. 동사의 불규칙 변화형

A-A-A 형

cut	cut	cut	자르다
hit	hit	hit	치다
hurt	hurt	hurt	상처 내다, 아프다
let	let	let	~ 하게 하다
put	put	put	놓다, 두다
set	set	set	놓다
shut	shut	shut	닫다

A-B-A 형

become	became	become	~이 되다
come	came	come	오다
run	ran	run	달리다

A-B-B 형

bring	brought	brought	가져오다
build	built	built	세우다
buy	bought	bought	사다
catch	caught	caught	붙잡다
feed	fed	fed	먹이를 주다
feel	felt	felt	느끼다
fight	fought	fought	싸우다
find	found	found	찾아내다, 발견하다
get	got	got, gotten	얻다
have(has)	had	had	가지고 있다

hear	heard	heard	듣다
hold	held	held	잡고있다
keep	kept	kept	지키다
lead	led	led	이끌다, 인도하다
leave	left	left	떠나다
lend	lent	lent	빌려주다
light	lit(lighted)	lit(lighted)	불을 켜다
lose	lost	lost	잃다. 지다
make	made	made	만들다
mean	meant	meant	의미하다
meet	met	met	만나다
pay	paid	paid	지불하다
read [riːd]	read [red]	read [red]	읽다
say	said	said	말하다
sell	sold	sold	팔다
send	sent	sent	보내다
shine	shone	shone	빛나다
sit	sat	sat	앉다
sleep	slept	slept	잠자다
spend	spent	spent	(돈을)쓰다, (시간을) 보내다
stand	stood	stood	서다
teach	taught	taught	가르치다
tell	told	told	말하다
think	thought	thought	생각하다
understand	understood	understood	이해하다
win	won	won	이기다

A-B-C 형

be(am/are/is)	was/were	been	~이다, ~있다
bear	bore	born	낳다
begin	began	begun	시작하다
blow	blew	blown	불다
break	broke	broken	깨트리다
choose	chose	chosen	선택하다
do(does)	did	done	~하다
draw	drew	drawn	당기다, 그리다
drink	drank	drunk	마시다
drive	drove	driven	운전하다
eat	ate	eaten	먹다
fall	fell	fallen	떨어지다
fly	flew	flown	날다
forget	forgot	forgotten	잊다
give	gave	given	주다
go(goes)	went	gone	가다
grow	grew	grown	자라다
ride	road	ridden	타다
ring	rang	rung	울리다
rise	rose	risen	오르다
speak	spoke	spoken	말하다
swim	swam	swum	수영하다
take	took	taken	잡다, 가져가다
throw	threw	thrown	던지다
wake	woke	woken	깨다
wear	wore	worn	입다
write	wrote	written	쓰다
see	saw	seen	보다, 만나다
know	knew	known	알다
sing	sang	sung	노래하다

부록 2. 명사의 불규칙 변화형

	단수		복수
쥐	mouse	→	mice
발	foot	→	feet
이, 치아	tooth	→	teeth
거위	goose	→	geese
사람	man	→	men
여성	woman	→	women
황소	ox	→	oxen
아이	child	→	children
사슴	deer	→	deer
양	sheep	→	sheep
물고기	fish	→	fish
자료	datum	→	data
이것	this	→	these
저것	that	→	those

부록 3. 형용사의 불규칙 비교급, 최상급

원급		비교급		최상급	뜻
good	-	better	-	best	좋은, 잘하는
well	-	better	-	best	좋은, 건강한
bad	-	worse	-	worst	나쁜
ill	-	worse	-	worst	나쁜, 병든
many	-	more	-	most	(수가) 많은
much	-	more	-	most	(양이) 많은
little	-	less	-	least	작은, 어린

부록 4. 줄임말

- □ I'm = I am
- □ I've = I have
- □ I'll = I will, I shall
- □ it's = it is, it has
- □ it'll = it will
- □ isn't = is not

- □ you're = you are
- □ you'd = you had, you would
- □ you'll = you will, you shall
- □ you've = you have

- □ we're = we are
- □ we've = we have
- □ we'll = we will, we shall
- □ wouldn't = would not
- □ what's = what is
- □ who's = who is
- □ won't = will not
- □ weren't = were not
- □ wasn't = was not

- □ she's = she is, she has
- □ shouldn't = should not

- □ they're = they are
- □ they'll = they will, they shall
- □ they've = they have
- □ that's = that is
- □ there's = there is

□ he's = he is, he has
□ haven't = have not
□ hasn't = has not
□ here's = here is

□ let's = let us

□ don't = do not
□ doesn't = does not
□ didn't = did not

□ aren't = are not

□ can't = can not

□ mustn't = must not

부록 5. 약어 정리

□ **bicycle** [báisikəl] ⑲ 자전거 ⑧ 자전거를 타다
= **bike** [baik]

□ **gymnasium** [dʒimnéiziəm] ⑲ 체육관
= **gym** [dʒim]

□ **examination** [igzæmənéiʃən] ⑲ 시험
= **exam** [igzǽm]

□ **mathematics** [mæ̀θəmǽtiks] 명 수학

= **math** [mæθ]

□ **okay** [okay] 형 좋은, 건강한 부 좋아

= **OK** [OK]

□ **television** [téləvìʒən] 명 텔레비전

= **TV** [TV]

□ **hippopotamus** [hìpəpɑ́təməs] 명 하마

= **hippo** [hípou]

□ **doctor** [dɑ́ktər] 명 의사

= **Dr.**

□ **advertisement** [æ̀dvərtáizmənt] 명 광고, 선전

= **ad**

□ **electronic mail** 이메일, 전자우편

= **e-mail**

□ **personal computer** 개인용 컴퓨터

= **PC**

□ **the United Kingdom** 영국

= **the U. K.**

□ **the United States** 미국

= **the U. S.**

□ **January** [dʒǽnjuèri] ⓜ 1월

= **Jan.**

□ **February** [fébruèri] ⓜ 2월

= **Feb.**

□ **March** [mɑːrtʃ] ⓜ 3월

= **Mar.**

□ **April** [éiprəl] ⓜ 4월

= **Apr.**

□ **May** [mei] ⓜ 5월

= **May.**

□ **June** [dʒuːn] ⓜ 6월

= **Jun.**

□ **July** [dʒuːlái] ⓜ 7월

= **Jul.**

□ **August** [ɔ́ːgəst] ⓜ 8월

= **Aug.**

□ **September** [septémbər] ⓜ 9월

= **Sept.**

□ **October** [ɑktóubər] ⓜ 10월

= **Oct.**

□ **November** [nouvémbər] ⓜ 11월

= **Nov.**

□ **December** [disémbər] ⓜ 12월

= **Dec.**

- ☐ **Monday** [mʌ́ndi] ⓜ 월요일
  = **Mon.**
- ☐ **Tuesday** [tjúːzdi] ⓜ 화요일
  = **Tue. / Tues.**
- ☐ **Wednesday** [wénzdi] ⓜ 수요일
  = **Wed.**
- ☐ **Thursday** [θə́ːrzdi] ⓜ 목요일
  = **Thur.**
- ☐ **Friday** [fráidi] ⓜ 금요일
  = **Fri.**
- ☐ **Saturday** [sǽtərdi] ⓜ 토요일
  = **Sat.**
- ☐ **Sunday** [sʌ́ndi] ⓜ 일요일
  = **Sun.**

yahoo!

해답

Part 1

30p~31p

A
❶ 기초적인
❷ 섬
❸ 말괄량이
❹ 악어
❺ 조랑말
❻ 아침
❼ 읍
❽ 왕자
❾ 중요한
❿ 선택
⓫ lock
⓬ dentist
⓭ science
⓮ house
⓯ root
⓰ guess
⓱ try
⓲ bodyguard
⓳ pride
⓴ chairman

B
❶ hunt
❷ young, age
❸ dove
❹ porter
❺ potato chip
❻ crown, bakery
❼ land, rover

C
❶ tomboy
❷ mate
❸ evergreen
❹ excellent
❺ casual
❻ burger
❼ sprite
❽ pigeon
❾ pizza
❿ towner
⓫ dynasty
⓬ chip
⓭ popcorn
⓮ king
⓯ prima
⓰ glory

44p~45p

A
❶ 거미
❷ 마음
❸ 에러, 실수
❹ 베이스, 기초
❺ 박쥐
⓫ internet
⓬ scream
⓭ corner
⓮ goal
⓯ pass

❻ 생쥐

❼ 별

❽ 괴물

❾ 삶

❿ 자료, 재료

⓰ computer

⓱ cube

⓲ war

⓳ dot

⓴ net

B ❶ toy, story

❷ Alien

❸ sound, music

❹ area

❺ download

❻ hit

❼ keeper

C ❶ woman

❷ brave

❸ beautiful

❹ bug

❺ terminator

❻ major

❼ memory

❽ final

❾ control

❿ domain

⓫ super

⓬ minor

⓭ system

⓮ foul

⓯ heart

⓰ download

Part 2

58p~59p

A ❶ 머리카락

❷ 눈

❸ 혀

❹ 이

❺ 뺨

❻ 손가락

❼ 코

❽ 발

❾ 뇌

❿ 위

⓫ point

⓬ smell

⓭ dimple

⓮ comb

⓯ kick

⓰ wink

⓱ think

⓲ taste

⓳ chew

⓴ digest

B
1. mouth, yawn
2. face, smile
3. shoulder, tap
4. elbow, attack
5. wrist, sprain
6. waist, bend
7. heart, beat
8. hip, shake
9. ankle, seize
10. height, average
11. blood, transfer
12. liver, clean
13. knee, crawl
14. thumb, hurt
15. lip, kiss

C
1. nod
2. scratch
3. smile
4. stomach
5. grab
6. body
7. taste
8. listen
9. heart
10. hand
11. gesture
12. ankle
13. stub
14. digest
15. think
16. skin
17. seize
18. reach
19. brain

Part 3

82p~83p

A
1. 커다란 ↔ tiny
2. 높은 ↔ low
3. 마른 ↔ wet
4. 육체적인 ↔ mental
5. 어려운 ↔ easy
6. 헐렁한 ↔ tight
7. 좋은 ↔ bad
8. 빠른 ↔ slow
9. 따뜻한 ↔ cold
10. 손 위의 ↔ junior
11. heavy ↔ light
12. sharp ↔ dull
13. busy ↔ free
14. deep ↔ shallow
15. near ↔ far
16. dirty ↔ clean
17. clever ↔ stupid
18. thin ↔ thick
19. expensive ↔ cheap
20. early ↔ late

B ❶ private, opinion, public ❷ dark, street, light
❸ ancient, building, modern ❹ same, way, different
❺ surface, smooth, rough ❻ common, surname, unique
❼ customer, many, few ❽ hot, camel
❾ short, sparrow ❿ mild, coach, strick
⓫ glad, voice, angry ⓬ castle, inner, outer
⓭ front, statue, back ⓮ diligent, ant, lazy, grasshopper
⓯ hard, alligator, soft, snake

C ❶ rich ❷ tiger
❸ airport ❹ strong
❺ early ❻ shark
❼ late ❽ diligent
❾ sheep ❿ rooster
⓫ warm ⓬ hawk
⓭ snake ⓮ mean
⓯ donkey ⓰ elephant
⓱ voice

96p~97p

A ❶ 가다 ↔ come : 오다 ❷ 출발하다 ↔ arrive : 도착하다
❸ 잊다 ↔ remember : 기억하다 ❹ 복종하다 ↔ command : 명령하다
❺ 빌려주다 ↔ borrow : 빌리다 ❻ 멈추다 ↔ continue : 계속하다
❼ 비우다 ↔ fill : 채우다 ❽ 의심하다 ↔ believe : 믿다
❾ 만족하다 ↔ disappoint : 실망하다 ❿ 앉다 ↔ stand : 일어서다

B ❶ parents, love, teacher, hate ❷ machine, repair, equipment, break
❸ problem, question, request, answer ❹ ancestor, honor, child, ignore
❺ soda, allow, wine, forbid ❻ dollar, deposit, coin, spend
❼ joke, pardon, fault, punish ❽ test, begin, experiment, finish

C ❶ hotel ❷ school
❸ repair ❹ theater
❺ audience ❻ magazine
❼ equipment ❽ rumor

⑨ service
⑩ museum
⑪ letter
⑫ reply
⑬ open
⑭ shut
⑮ bench

116p~117p

A ❶ future ↔ past : 과거
❷ top ↔ bottom : 바닥
❸ victory ↔ defeat : 패배
❹ sorrow ↔ joy : 기쁨
❺ life ↔ death : 죽음
❻ beginning ↔ end : 끝
❼ fair ↔ unfair : 불공정한
❽ like ↔ dislike : 싫어하다
❾ increase ↔ decrease : 감소
❿ appear ↔ disappear : 사라지다

B ❶ fact, prove, lie, keep
❷ middle, locate, edge, throw
❸ stranger, refuse, native, search
❹ quality, compare, quantity, divide
❺ cause, offer, result, suppose
❻ whole, support, part, object
❼ first, cooperate, last, spoil
❽ war, destroy, peace, bring

C ❶ ~할 수 있는 ↔ unable : ~할 수 없는
❷ 어울리는 ↔ unfit : 어울리지 않은
❸ 동의하다 ↔ disagree : 동의하지 않다
❹ 가능한 ↔ impossible : 불가능한
❺ 정직한 ↔ dishonest : 부정직한
❻ 친절한 ↔ unkind : 친절하지 않은
❼ 보통의 ↔ unusual : 보통이 아닌
❽ 덮다, 감추다 ↔ discover : 발견하다
❾ 참을성이 있는 ↔ impatient : 참지 못하는
❿ 행복한 ↔ unhappy : 불행한

D ❶ 쓸모 있는 ↔ useless : 쓸모없는
❷ 위층에 ↔ downstairs :아래층에
❸ 수입하다 ↔ export : 수출하다
❹ 윗면 ↔ downside : 밑면
❺ 무서운 ↔ fearless : 담대한
❻ 상류로 ↔ downstream : 하류로
❼ 주의깊은 ↔ careless : 부주의한
❽ 포함하다 ↔ exclude : 배제하다
❾ 내부인 ↔ outsider : 외부인
❿ 실내의 ↔ outdoor : 실외의

Part 4

134p~135p

A ❶ 기차
⑪ paint
❷ 빵
⑫ rob

❸ 그림
❹ 보석
❺ 상점
❻ 재능
❼ 음악
❽ 행진(곡)
❾ 교회
❿ (쇼핑)몰
⓭ tour
⓮ sale
⓯ bake
⓰ explore
⓱ drum
⓲ piano
⓳ radio
⓴ serve

B ❶ community, lead
❷ guitar, sing
❸ thought, speak
❹ delicious, fish
❺ physics, subject
❻ boat, sail
❼ economy, counsel
❽ skate, run
❾ village, hill
❿ song, dance
⓫ river, dive
⓬ field, farm
⓭ library, read
⓮ car, engine
⓯ island, photograph

C ❶ ⓐ ❷ ⓓ ❸ ⓑ ❹ ⓒ

D ❶ report → reporter
❷ teach → teacher
❸ kill → killer
❹ rule → ruler
❺ drive → driver
❻ explore → explorer
❼ compose → composer
❽ manage → manager
❾ office → officer
❿ win → winner
⓫ invent → inventor
⓬ visit → visitor
⓭ beg → beggar
⓮ tour → tourist
⓯ science → scientist

148p~149p

A ❶ 지구
❷ 변명
❸ 돈
❹ 대통령
❺ 학기
⓫ cook
⓬ earn
⓭ build
⓮ elect
⓯ collect

❻ 기술
❼ 가치
❽ 회사
❾ 벽돌
❿ 지역
⓰ examine
⓱ unify
⓲ meet
⓳ govern
⓴ amuse

B ❶ accident, feel
❷ trumpet, hear
❸ party, greet
❹ wheel, draw
❺ hole, laugh
❻ moon, move
❼ college, graduate
❽ ditch, pollute
❾ effort, mean
❿ hope, communicate
⓫ courage, appoint
⓬ recreation, enjoy
⓭ plant, breathe
⓮ kitchen, enter
⓯ umbrella, produce

C ❶ ⓓ ❷ ⓐ ❸ ⓐ ❹ ⓒ

D ❶ 말하다 → saying : 속담
❷ 따르다 → following : 추종자
❸ 상상하다 → imagination : 상상
❹ 교육하다 → education : 교육
❺ 준비하다 → preparation : 준비
❻ 알리다 → information : 정보
❼ 알다 → knowledge : 지식
❽ 광고하다 → advertisement : 광고
❾ 제안하다 → advice : 제안
❿ 삭제하다 → eraser : 지우개

Part 5

170p~171p

A ❶ 행복하게
❷ 나중에
❸ 거의
❹ 플라스틱
❺ 우주비행사
❻ 형사
❼ 이웃
❽ 하늘
⓫ rock
⓬ pause
⓭ desert
⓮ doll
⓯ carpenter
⓰ discuss
⓱ warn
⓲ devote

⑨ 새장, 우리

⑩ 사탕

⑲ mend

⑳ order

B ① soil, dig

② method, learn

③ pair, shrug

④ tail, raise

⑤ sand, absorb

⑥ soldier, shoot

⑦ detective, chase

⑧ writer, create

⑨ boring, sentence

⑩ complete, setting

⑪ curious, baby

⑫ electrical, goods

⑬ already, voyage

⑭ gate, therefore

⑮ week, once

C ① develop

② price

③ adventure

④ stare

⑤ explain

⑥ editor

⑦ heat

⑧ spicy

⑨ people

⑩ clerk

⑪ daily

⑫ industry

⑬ favor

⑭ always

⑮ here

⑯ there

⑰ diary

Part 6

186p~187p

A ① 누군가가

② 시간표

③ 풋볼, 미식축구

④ 휴일

⑤ 햇빛

⑥ 우체통

⑦ 공항

⑧ 치통

⑨ 학문

⑩ 고향

⑪ daily

⑫ airplane

⑬ homework

⑭ greenhouse

⑮ sunny

⑯ goalkeeper

⑰ birthday

⑱ sometimes

⑲ everywhere

⑳ blackboard

B ❶ 안내하다 +책 = 안내책, 가이드북
❷ 베이스, 기초 +공 = 야구
❸ 목욕 + 방 = 욕실
❹ 수업 +동료 = 반친구
❺ 머리 +통증 = 두통
❻ 건너다 +걷다 = 보도
❼ 소식 +종이 = 신문
❽ 우편물 + 카드 = 우편엽서
❾ 비 +굽은, 활모양의 = 무지개
❿ 태양 +오르다 = 해돋이
⓫ 버터 + 파리 = 나비
⓬ 얼음 +크림 = 아이스크림
⓭ 통행 + 항구 = 여권
⓮ 시각 +보기 = 관광, 구경
⓯ 책 +가게 = 서점

C ❶ notebook
❷ playground
❸ ladybug
❹ ball
❺ basket
❻ dragonfly
❼ table
❽ card
❾ house
❿ under
⓫ every
⓬ space
⓭ friendship
⓮ day
⓯ water
⓰ bedroom

Part 7

204p~205p

A ❶ 아들 ↔ daughter : 딸
❷ 아내 ↔ husband : 남편
❸ 왕 ↔ queen : 여왕
❹ 아마추어 ↔ professional : 프로, 전문가
❺ 영웅 ↔ heroine : 여장부
❻ 숟가락 ↔ chopstick : 젓가락
❼ 암소 ↔ bull : 수소
❽ 삼촌 ↔ aunt : 숙모, 이모, 고모
❾ 여자 ↔ man : 남자
❿ 악마 ↔ angel : 천사

B ❶ site / place
❷ plan / project
❸ climate / weather
❹ mankind / human
❺ corn / grain
❻ dish / plate
❼ tree / wood
❽ wish / want
❾ contest / competition
❿ worm / insect

⑪ dress / wear
⑫ example / instance
⑬ neat / tidy
⑭ happen / occur
⑮ defend / protect

C ① ⓓ ② ⓐ ③ ⓑ ④ ⓐ ⑤ ⓓ
⑥ ⓐ ⑦ ⓓ ⑧ ⓑ ⑨ ⓓ ⑩ ⓓ

D ① 바지
② 무덤
③ 기초, 토대
④ 쓰레기
⑤ 모자
⑥ 요금
⑦ 싸움, 전투
⑧ 자유
⑨ 전화
⑩ 합계
⑪ 매력적인
⑫ 사람, 동료
⑬ 짖다, 울부짖다
⑭ 고정시키다
⑮ 최근에

222p~223p

A ① 타다
② 찾다
③ 한숨쉬다
④ 발가락
⑤ 스테이크
⑥ 지붕
⑦ 다음의
⑧ 구레나룻
⑨ 횃불
⑩ 엎지르다
⑪ new
⑫ toy
⑬ steal
⑭ nest
⑮ bury
⑯ sign
⑰ cube
⑱ touch
⑲ still
⑳ whisper

B ① ⓐ, ⓒ
② ⓐ, ⓒ
③ ⓑ, ⓒ
④ ⓐ, ⓒ
⑤ ⓒ, ⓐ
⑥ ⓑ, ⓒ
⑦ ⓐ, ⓒ
⑧ ⓑ, ⓐ
⑨ ⓐ, ⓑ
⑩ ⓑ, ⓒ
⑪ ⓐ, ⓑ
⑫ ⓒ, ⓑ

⑬ ⓐ, ⓒ

⑭ ⓑ, ⓐ

⑮ ⓒ, ⓐ

C
❶ ⓐ club ⓑ clue
❷ ⓐ apple ⓑ apply
❸ ⓐ coat ⓑ coal
❹ ⓐ half ⓑ hall
❺ ⓐ mark ⓑ mask
❻ ⓐ race ⓑ rate
❼ ⓐ bell ⓑ bill
❽ ⓐ stage ⓑ state
❾ ⓐ let ⓑ lot
❿ ⓐ shell ⓑ spell

D
❶ ⓐ 시간, 시 ⓑ 우리의
❷ ⓐ 오른쪽의, 옳은 ⓑ 쓰다
❸ ⓐ 우편물, 우편 ⓑ 남자, 남자의
❹ ⓐ 장소, 유적 ⓑ 시각, 광경
❺ ⓐ 어떤 ⓑ 총액
❻ ⓐ 장면 ⓑ see의 과거분사형
❼ ⓐ 약한, 연약한 ⓑ 주, 주간
❽ ⓐ 밀가루 ⓑ 꽃
❾ ⓐ 사랑스러운, 귀여운 ⓑ 사슴
❿ ⓐ 평화 ⓑ 조각
⓫ ⓐ 만나다 ⓑ 고기
⓬ ⓐ 나무, 목재 ⓑ ~할 것이다(will의 과거형)
⓭ ⓐ 하나의, 한 사람의 ⓑ win의 과거/과거분사
⓮ ⓐ 개미 ⓑ 아주머니
⓯ ⓐ 구멍, 틈 ⓑ 전체(의), 전부(의)

Part 8

238p~239p

A
❶ 비단
❷ 재미
❸ 거리
❹ 의학, 약
❺ 느린
❻ 빠른
❼ 의심
❽ 명백한, 깨끗한
❾ 자유
❿ 현명한
⓫ medical
⓬ slowly
⓭ wisely
⓮ cultural
⓯ silky
⓰ funny
⓱ distant
⓲ doubtful
⓳ freely
⓴ clearly

B
❶ 소금 → salty : 짠
❷ 안개 → foggy : 안개 낀
❸ 색 → colorful : 색채가 풍부한
❹ 손해 → harmful : 해로운

❺ 고통 → painful : 고통스러운
❻ 침묵, 조용함 → silent : 조용한
❼ 고전 → classical : 고전적인
❽ 출석, 참석 → present : 출석한, 참석의
❾ 역사 → historical : 역사적인
❿ 중앙 → central : 중앙의
⓫ 결석 → absent : 결석한
⓬ 힘, 능력 → powerful : 강력한
⓭ 구름 → cloudy : 구름 낀, 흐린
⓮ 행운 → lucky : 행운의, 운이 좋은
⓯ 전통 → traditional : 전통적인

C ❶ ⓓ ❷ ⓑ ❸ ⓐ

D ❶ 가까운 → nearly : 거의
❷ 한가한 → freely : 자유롭게
❸ 무서운 → awfully : 지독한
❹ 단순한 → simply : 단순히
❺ 정확한 → exactly : 정확하게
❻ 보통의 → usually : 보통
❼ 갑작스러운, 돌연한 → suddenly : 갑자기
❽ 특별한 → especially : 특별하게
❾ 확실한 → certainly : 확실하게
❿ 시끄러운 → loudly : 시끄럽게
⓫ 조용한 → quietly : 조용하게
⓬ 마지막의 → finally : 마침내
⓭ 나쁜 → badly : 나쁘게
⓮ 주의 깊은 → carefully : 주의 깊게
⓯ 실제의, 현실의 → actually : 실제로

Part 9

256p~257p

A ❶ 순간
❷ 1세기
❸ 목요일
❹ 새벽
❺ 5월
❻ 계절
❼ 내일
❽ 3월
❾ 남쪽
❿ 회색
⓫ year
⓬ tomorrow
⓭ weekend
⓮ meal
⓯ white
⓰ winter
⓱ September
⓲ north
⓳ brown
⓴ midnight

B ❶ 캐나다 → Canadian
❷ 한국 → Korean
❸ 일본 → Japanese
❹ 독일 → German

⑤ 미국 → American
⑥ 프랑스 → French
⑦ 멕시코 → Mexican
⑧ 브라질 → Brazilian
⑨ 그리스 → Greek
⑩ 중국 → Chinese
⑪ 이탈리아 → Italian
⑫ 인도 → Indian
⑬ 베트남 → Vietnamese
⑭ 스페인 → Spanish
⑮ 러시아 → Russian

C

기수	의미	서수	의미
one	1	**first**	1번째
two	2	second	2번째
three	3	third	3번째
four	4	fourth	4번째
five	5	fifth	5번째
six	6	sixth	6번째
seven	7	seventh	7번째
eight	8	eighth	8번째
nine	9	ninth	9번째
ten	10	**tenth**	10번째
eleven	11	eleventh	11번째
twelve	12	twelfth	12번째
thirteen	13	thirteenth	13번째
fourteen	14	fourteenth	14번째
fifteen	15	fifteenth	15번째
sixteen	16	**sixteenth**	16번째
seventeen	17	seventeenth	17번째
eighteen	18	eighteenth	18번째
nineteen	19	nineteenth	19번째
twenty	20	**twentieth**	20번째
thirty	30	thirtieth	30번째
fifty	50	fiftieth	50번째
hundred	100	hundredth	100번째

Index 찾아보기

A

a.m.(A.M.) 249
ability 138, 157
able 106
absence 228
absent 228
absorb 157
accent 19
accept 201
accident 137
ace 24
ache 178
achieve 98
act 129
actor 129
actual 236
actually 236
add 214
address 214
admiral 159
adult 143
adventure 153
advertise 144
advertisement 144
advice 144
advise 144
affair 194
afternoon 249
again 214
against 214
age 16
ago 164
agree 109
ahead 164
airplane 181
airport 78, 181
alien 33
alike 233
alive 233
all 161
alligator 69
allow 90
almost 164
already 165
also 168
always 165
amateur 193
America 242
American 242
amuse 143
amusement 143
ancestor 92
ancient 79
angel 193
anger 154
angry 77
ankle 54
answer 95
ant 62, 218
anymore 165
anywhere 165
apart 214
apartment 214
appear 109
applaud 153
apple 206
apply 206
appoint 142
appointment 142
appreciate 158
April 248
area 43, 143
arm 51
arrive 85
art 131
artist 131
ask 94
asleep 233
astronaut 160
attack 51
attend 132
attendant 132
attract 102
attractive 203
audience 94
August 248
aunt 191, 218
Australia 243
Australian 243
Austria 243
Austrian 243
automobile 120
autumn 250
average 57
awake 233

B

baby 162
back 81
backache 178
bad 67, 237
badly 237
badminton 90
bake 123
baker 123
bakery 24
ball 175
bang 14
barbecue 75
bark 201
base 40
baseball 175
basic 15, 196

basketball 175
bat 33, 67
bathroom 176
battle 198
beach 194
bean 195
bear 213
beard 50
beat 53, 55
beautiful 35
bedroom 176
bee 66
beer 74, 213
beg 127
beggar 127
begin 91
beginning 102
behind 164
believe 93
bell 212
bench 85
bend 53
bet 211
big 70
bill 212
birthday 180
bit 36, 211
bitter 74
black 251
blackboard 184
blame 92
blank 214
blanket 214
blood 56
blue 251
boat 128
body 53
bodyguard 16
bone 56
book 174
bookstore 174
border 162
bore 102
boring 161
borrow 88
both 162
bottle 91
bottom 101
boy 190
brain 55
brave 35
Brazil 243
Brazilian 243
bread 123
break 86
breakfast 250
breast 53
breath 145
breathe 55, 145
brick 136
bride 190
bridge 154
(bride)groom 190
bring 103
broadcast 184
brother 191
brown 251
bubble 155
bug 32
build 136
building 79, 136
bull 193
burden 200
burger 25
burn 206
bury 206
bus 209
business 133
businessman 133
busy 66
butterfly 184
buy 209
byte 36

C

cafeteria 165
cage 155
calf 206
call 206
camel 71
campaign 153
can 91
Canada 242
Canadian 242
candy 152
cap 197
capital 21
captain 199
car 125
care 112
careful 112, 237
carefully 237
careless 112
carnival 20
carpenter 160
carry 154
cartoon 130
cartoonist 130
carve 160
cash 88
castle 81
casual 14
cat 68
cause 102

cave 152
celebrate 92
center 231
central 231
century 246
certain 234
certainly 234
chairman 21
chant 127
charge 197
charming 203
chase 159
cheap 75
cheek 50
cheer 230
cheerful 230
cheese 74
cheetah 64
chemical 162
chess 126
chew 50
chick 67
chief 199
child 92, 215
childhood 215
chimney 154
chin 50
China 244
Chinese 244
chip 24
choice 23
chopstick 193
church 132
citizen 36
clap 52
classic 230
classical 230
classmate 176
classroom 176
clean 56, 66
clear 234
clearly 234
clerk 160
clever 70
climate 194
climb 101
clock 198
close 216
closet 216
cloud 226
cloudy 226
club 206
clue 206
coach 80
coal 207
coat 207
cock 192
coin 88
cold 71
collect 141
collection 141
college 141
color 229
colorful 229
comb 48
come 84
comedian 129
comedy 129
command 87
common 76
communicate 141
communication 141
community 121
company 137
compare 101
competition 199
complain 147
complaint 147
complete 162
complex 76
compose 124
composer 124
computer 37, 128
conduct 129
conductor 129
congratulation 144
connect 154
consider 158
contact 28
content 121
contest 199
continue 90
contrary 162
control 42
conversation 199
cook 147
cookie 147
cool 71
cooperate 104
corn 194
corner 43
costume 147
cough 50
counsel 128
counselor 128
count 110
country 216
countryside 216
courage 142
cover 110
cow 66, 193
crane 72
crash 164
crawl 54
crazy 203
create 159
crew 158

cricket 71
crocodile 17
crosswalk 181
crow 73
crown 24
cry 201
cube 34
curious 162
custom 195
customer 79
cut 214
cute 68, 214

D

daily 163
damage 92
dance 124
dancer 124
dark 78
data 36
daughter 190
dawn 249
day 246, 249
dear 163, 220
death 105
December 248
decide 93
decrease 115
deep 237
deeply 237
deer 66, 220
defeat 98
defend 201
delicious 133
dentist 23
department 125
deposit 88
desert 165
destroy 103
detective 159
develop 157
devil 193, 217
devote 153
dialogue 199
diary 163
dictionary 166
differ 142
difference 142
different 80
difficult 80
dig 153
digest 55
diligent 62
dimple 50
dinner 250
dinosaur 63
direction 251
dirty 66
disagree 109
disappear 109
disappoint 94
discount 110
discover 110
discuss 158, 159
dish 199
dishonest 110
dislike 109
distance 228
distant 228
ditch 139
dive 123
diver 123
divide 101
dog 68
doll 163
dollar 88
dolphin 70
domain 39
donkey 70
door 114
dot 37
doubt 93, 232
doubtful 232
dove 29
download 39
downside 113
downstairs 113
downstream 113
dragonfly 184
draw 146
drawer 146
dress 201
dribble 42
drive 125
driver 125
drum 126
drummer 126
dry 67
duck 65
dull 65
dynasty 21

E

eagle 65
ear 49
earache 178
early 62
earn 137
earning 137
earth 147
east 251

easy 80
economy 128
edge 99
editor 158
educate 140
education 140
effect 142
effort 136
egg 152
Egypt 243
Egyptian 243
eight 252
eighteen 253
eighteenth 255
eighth 254
eightieth 255
eighty 253
elastin 28
elbow 51
elect 139
election 139
electrical 163
elephant 70
eleven 252
eleventh 254
else 165
empty 91
end 102
endurance 165
enemy 140
engine 120
engineer 120
England 245
English 245
enjoy 143
enjoyment 143
enter 142
entrance 142
equipment 86
erase 145
eraser 145
error 38
especial 236
especially 236
eve 216
evening 216, 249
evergreen 27
every 179
everybody 179
everyday 179
everyone 179
everything 179
everywhere 179
evil 217
exact 236
exactly 236
exam 80
examination 140
examine 140
example 196
excel 19
excellent 24
exclude 115
excuse 137
exercise 57, 200
expect 100
expensive 75
experience 130
experiment 91
explain 160
explore 124
explorer 124
export 115
eye 48

F

fable 129
face 48
fact 98
fail 89
faint 163
fair 106, 215
fairy 215
fall 250
far 78
fare 197
farm 122
farmer 122
fast 73
fasten 202
fat 64
father 191
fault 89
favor 165
fear 112
fearful 112
fearless 112
feast 126
February 248
feed 213
feel 137
feeling 137
fence 195
few 79
field 122
fifteen 253
fifteenth 255
fifth 254
fiftieth 255
fifty 253
fight 198
fill 91
final 43, 235

finally 235
find 209
fine 209
finger 53
finish 91
first 104, 254
fish 133
fisherman 133
fit 107
five 252
fix 202
flame 167
flesh 56
flight 211
flood 207
floor 207
flour 221
flower 221
flute 164
fly 66
fog 227
foggy 227
follow 138
following 138
food 213
foot 54
football 175
forbid 90
force 161
forest 93
forever 166
forget 87
fork 193
fortieth 255
fortune 92
forty 253
foul 40
foundation 196
four 252
fourteen 253
fourteenth 255
fourth 254
France 245
free 66, 234
freedom 198
freely 234
French 245
Friday 247
friendship 177
fright 211
frighten 156
frog 64
front 81
fun 227
funny 227
furniture 167
future 100

G

gallery 86
gallop 18
galloper 18
game 212
garbage 196
garden 195
gate 168
gaze 212
general 75, 87
German 245
Germany 245
gesture 53
gift 168
girl 190
give 126
glad 77
glass 215
glasses 215
glory 27
go 84
goal 42
goalkeeper 183
goat 68
god 192
goddess 192
goldfish 72
good 67
goods 163
govern 143
government 143
grab 52
graduate 141
graduation 141
grain 194
grammar 132
granddaughter 191
grandeur 21
grandfather 191
grandmother 191
grandson 191
grasshopper 62
grave 196
gray 251
great 161
Greece 245
Greek 245
green 251
greenhouse 183
greet 138
greeting 138
grocery 153
guess 16
guidebook 174
guitar 121
gulp 153
gun 144

H

habit 195
hair 48
half 207
hall 207
ham 74
hamburger 75
hand 52
handling 41
happen 202
happily 168
happiness 156
happy 106
hard 69
hardship 177
harm 229
harmful 229
harvest 154
hat 197
hate 84
hawk 65
head 48
headache 178
health 81
healthy 107
hear 136
hearing 136
heart 35, 55
heat 155
heaven 193
heavy 57, 69
hell 193
hen 192
here 167
hero 192
heroine 192
hesitate 93
hi 220
hide 210
high 65, 220
hight 57
hike 210
hill 125
hip 53, 207
hippo 69
historical 231
history 231
hit 41, 207
hole 146, 221
holiday 180
home 84
hometown 182
homework 182
honest 110
honor 92
hop 202
hope 141
host 199
hot 71
hotel 85
hour 219, 246
house 15
housewife 183
however 168
howl 201
huge 63
human 199
hundred 254
hundredth 255
hunt 14
hurt 52, 196
husband 190
hut 25

I

ice cream 183
ignore 92
imagination 139
imagine 139
impatient 111
impolite 111
import 115
impossible 111
include 115
increase 115
indeed 203
India 243
indian 243
indoor 114
industry 161
inform 142
information 142
inner 81
insect 200
inside 114
insider 114
instance 196
instead 168
Internet 36
invent 128
inventor 128
invitation 140
invite 140
island 15, 122
Italian 242
Italy 242

J

jail 198
jam 207
January 248
Japan 244
Japanese 244
jar 207
jeans 77
jewel 127
job 194
join 17
joke 89
journey 197
joy 99
judge 160
juicer 27
July 248
jump 202
June 248
jungle 93
junior 79
just 166

K

keep 98
keeper 42
keyboard 37
kick 43, 54
kidney 56
kill 122
killer 122
kind 108
king 25, 192
kingdom 139
kiss 49
kitchen 142
kitty 26
knee 54
knew 220
knife 193
know 144
knowledge 144
Korea 242
Korean 242

L

labor 197
lack 104
ladybug 184
lamb 206
lamp 206
land 16, 104
last 104
late 62
lately 203
later 166
laugh 146
laughter 146
laundry 144
lazy 62
lead 121
leader 121
leaf 206
leak 157
leap 206
learn 154
leg 54
lend 88
lens 28
let 212
letter 94
liberty 198
library 120
lie 98
life 32, 105
light 69, 78
like 109, 233
lip 49
listen 49
live 105, 233
liver 56
livingroom 176
lizard 69
load 200
locate 99
lock 27
long 72
look 155
loose 77
lose 56
lot 212
loud 235
loudly 235
love 84, 232
lovely 232
low 65
luck 226
lucky 226
lunch 250
lung 55

M

machine 86
mad 203
magazine 93
mail 218

mailbox 182
mailman 182
major 40
male 218
mall 133
man 190
manage 125
manager 125
mankind 199
many 79
march 131
March 248
mark 210
marriage 144
marry 144
Mars 124
mask 210
master 199
mate 22
matrix 32
maxim 23
May 15, 248
maybe 203
meal 208, 250
mean 68, 136
meaning 136
measure 101
meat 208, 218
medical 231
medicine 231
medium 164
meet 137, 218
meeting 137
memory 39
mend 155
mental 81
mention 160
method 154
Mexican 242
Mexico 242
middle 99
midnight 249
miffy 26
mild 80
mind 35
minor 40
minute 246
modern 79
moment 246
Monday 247
money 88, 137
monster 33
month 246
monument 230
monumental 230
moon 147
morning 19, 249
morning glory 27
mosquito 63
mother 191
mouse 37, 70
mouth 49
move 147
movie 147
muscle 57
museum 86
music 35, 130
musician 130
mustard 161

N

nail 52
narrow 72
nation 230
national 230
native 100
nature 132
near 78, 232, 235
nearby 232
nearly 235
neat 203
neck 50
neighbor 158
nephew 191
nest 210
net 36, 155
new 220
news 93
newspaper 182
next 210
niece 191
night 249
nine 252
nineteen 253
nineteenth 255
ninetieth 255
ninety 253
ninth 254
nod 48
noon 249
north 251
nose 48
notebook 174
novel 130
novelist 130
November 248
now 166

O

oath 87
obey 87

object 103, 196
observe 155
occur 202
October 248
offer 102
office 126
officer 126
often 166
once 169
one 219, 252
open 86
opinion 77
orange 251
order 152
our 219
outdoor 114
outer 81
outside 114
outsider 114
owl 62
ox 152

P

p.m.(P.M.) 249
pack 210
pain 229
painful 229
paint 123
painter 123
pair 157
pal 215
palace 215
palm 52
pants 195
parcel 146
pardon 89
parents 84
park 210
parliament 129
parrot 73
part 103
party 138
pass 40
passport 181
past 100
path 198
patience 228
patient 111, 228
pause 167
pea 195
peace 103, 232
peaceful 232
penalty 43
pencil 145
penguin 71
people 78
people 161
perhaps 203
period 246
personal 37
phone 200
photo 131
photograph 122
photographer 122
physical 81
physicist 131
physics 131
pianist 131
piano 131
picture 123
pig 64
pigeon 67
pigeon 29
pill 215
pillow 215
pink 251
pizza 25
place 194
plan 197
planet 139
plant 145
plastic 162
plate 199
playground 183
plenty 104
point 53
pole 15
polite 68, 111
politician 122
pollute 139
pollution 139
pony 18
poor 78
pop 28
popcorn 28
Popeye 25
porter 20
Portugal 244
Portuguese 244
possible 111
postcard 183
potato 24
power 229
powerful 229
practice 200
prefer 153
premium 28
preparation 141
prepare 141
presence 228
present 228
president 139
pretty 34, 73
pride 18

prima 23
prince 20, 192
princess 192
principal 159
prison 198
private 77
prize 153
probably 203
problem 76, 95
produce 145
product 145
professional 193
professor 158
program 129
project 197
promise 87
proof 147
protect 201
prove 98, 147
public 77
punish 89
purpose 196

Q

quality 101
quantity 101
quarrel 84
queen 192
question 95
quick 235
quickly 235
quiet 235
quietly 235

R

rabbit 73
race 210
radio 130
rain 226
rainbow 185
rainy 226
raise 157
rate 210
reach 51
read 120
reader 120
real 234
realize 100
really 203, 234
reason 162
receive 201
recently 203
record 98
recreation 143
red 251
refrigerator 167
refuse 100
relative 79
remember 87
rent 210
repair 86
reply 94
report 121
reporter 121
republic 125
request 95
rest 210
result 102
revolution 89
rice 75, 208
rich 78
ride 208
right 218
river 123
road 198
rob 127
robber 127
rock 168
roof 157, 209
room 176
rooster 62
root 15, 209, 221
rope 211
rose 211
rough 76
route 221
rover 16
rub 216
rubber 216
rude 68
rule 125
ruler 125
rumor 94
run 127
runner 127
Russia 243
Russian 243

S

sail 128
sailor 128
sale 133
salesman 133
salt 226
salty 226
same 80
sand 157, 216
sandwich 216

satellite 140
satisfy 94
Saturday 247
say 137
saying 137
scan 39
scar 217
scare 217
scene 220
scholarship 177
school 84, 132
science 29, 132
scientist 132
scratch 52
scream 34
search 100
season 250
seat 85
second 246, 254
seed 211
seen 220
seize 54
semester 141
send 211
senior 79
sentence 161
separate 56, 105
September 248
servant 132
serve 158
service 94, 132
setting 162
seven 252
seventeen 253
seventeenth 255
seventh 254
seventieth 255
seventy 253
shake 53
shallow 64
share 104
sharp 65
sheep 63
shell 211
shine 227
shiny 227
ship 177
shoot 158
shop 126
shopper 126
shore 194
short 72
shoulder 51
shout 201
show 215
shower 215
shrug 157
shut 86
sick 213
side 113, 114
sider 114
sigh 208
sight 219
sightseeing 180
sign 208
signal 163
silence 228
silent 228
silk 226
silky 226
simple 76, 235
simply 235
sing 121
singer 121
sister 191
sit 85
site 194, 219
six 252
sixteen 253
sixteenth 255
sixth 254
sixtieth 255
sixty 253
skate 127
ski 216
skill 140
skin 57, 216
skinny 64
skip 38
sky 156
sleep 233
slide 202
slip 202
slow 73, 237
slowly 237
small 70
smell 48
smile 48
smoke 154
smooth 76
snail 67
snake 69
sniff 152
snoopy 26
snow 227
snowy 227
sob 99
soccer 166
social 231
society 231
soda 90
soft 69
soil 153
soldier 87, 158
solution 144
solve 152
some 179, 221

somebody 179
someday 179
someone 156
something 179
sometime 179
sometimes 179
somewhere 179
son 190
song 124
soon 167
sorrow 99
sound 35, 156
south 251
spaceship 177
Spain 245
Spanish 245
sparrow 72
speak 120
speaker 120
special 75
spell 211
spend 88
spicy 161
spider 33
spill 212
spoil 104
spoon 193
sprain 51
spring 250
sprite 22
stage 213
stairs 113
stamp 141
stand 85
star 35
stare 156
start 85
state 213
station 164
statue 81
steak 75, 208
steal 208
step 54
still 212
stomach 55
stomachache 178
stone 156
stop 90
store 126
storm 208
story 208
story 32
stranger 100
stream 113
street 78
strict 80
strong 63
struggle 89
stub 55
student 132
study 132
stupid 70
subject 131
succeed 89
success 230
successful 230
suck 213
sudden 236
suddenly 236
suffer 160
sugar 74
suitcase 180
sum 200, 221
summer 250
Sunday 247
sunlight 185
sunny 185
sunrise 185
sunset 185
sunshine 185
super 33
supper 250
support 56, 103
suppose 102
sure 234
surely 234
surface 76
surname 76
swallow 71
sweat 22
sweet 74
swim 155
swing 41
system 38

T

tail 157
Taiwan 244
Taiwanese 244
talent 129
tan 57
tap 51
taste 49
taster 23
tea 217
teach 122
teacher 122
team 166
tear 217
telephone 200
television 130
temperature 142
ten 252
tennis 90

tenth 254
terminator 32
test 91
textbook 174
thank 99
theater 85
then 167
theory 122
there 167
therefore 168
thick 74
thin 74
think 55
third 254
thirteen 252
thirteenth 254
thirtieth 255
thirty 253
thought 120
three 252
throat 50
throw 99
thumb 52
Thursday 15, 247
tidy 203
tie 50
tiger 63
tight 77
time 246
timetable 182
tiny 63
today 247
toe 55, 209
tomb 196
tomboy 14
tomorrow 247
tongue 49
tooth 50
toothache 178
top 101
torch 212
total 200
touch 212
tour 130
tourist 130
towel 208
tower 208
town 19
towner 19
toy 32, 209
tradition 231
traditional 231
train 121
transfer 56
transportation 133
trash 196
travel 121
traveler 121
tree 195
tremble 154
trick 212
trip 197
trousers 195
truck 212
trumpet 136
try 17
Tuesday 247
turtle 73
twelfth 254
twelve 252
twentieth 255
twenty 253
twice 169
two 252

U

ugly 73
umbrella 145
unable 106
uncle 191
underwater 185
unfair 106
unfit 107
unfortunately 108
unhappy 106
unhealthy 107
unification 139
unify 139
unique 76
universe 166
unkind 108
unusual 107
upload 39
upside 113
upstairs 113
upstream 113
us 17
use 112
useful 112
useless 112
usual 107, 236
usually 236

vacation 130
vase 168
vegetable 147
victory 98
Vietnam 244

Vietnamese 244
village 125
villager 125
violin 124
visit 129
visitor 129
voice 77
volleyball 175
voyage 165

W

waist 53
wait 156
waiter 192
waitress 192
wake 233
wall 195
want 202
war 35, 103
warm 71
warn 159
waste 196
watch 198
way 80
weak 63, 218
wealth 226
wealthy 226
wear 201
weather 194
wed 138
wedding 138
Wednesday 247
week 169, 218, 246
weekend 246
weigh 146
weight 57, 146
welcome 166
west 251
wet 67
whale 72
wheel 146
whisker 213
whisper 213
white 251
whole 103, 221
wide 72, 237
widely 237
wife 190
win 126
wind 227
window 168
windy 227
wine 90, 209
wing 209
wink 48
winner 126
winter 250
wise 236
wisely 236
wish 202
wolf 68
woman 34, 190
won 219
wonder 229
wonderful 229
wood 195, 219
worker 197
worm 65, 200
worried 161
worth 138
would 219
wound 196
wrap 152
wrist 51
write 218
writer 159

Y

yard 195
yawn 49
year 169, 246
yell 201
yellow 251
yesterday 247
young 16